AF186652

Hallo du Lieblingsmensch,

ich gehöre jetzt dir, ———————————————————————————————— .
Falls ich mich noch nicht vorgestellt haben sollte, mein Name ist
———————————————— . Ich freue mich, dass wir uns gemeinsam auf diese
Reise begeben wollen.

Falls du nicht ———————————————————— sein solltest, gib mich doch
bitte wieder an ———————————————— zurück. Sie ist bestimmt schon
ganz fürchterbar traurig ohne mich. Und wie sehr ich sie vermisse, kann ich
gar nicht in Worte fassen.

Ich möchte mich also schon einmal im Voraus bedanken, dass du mich mit

meinem Lieblingsmenschen wieder vereinst.

Vielen herzlichen Dank!

Meinen Lieblingsmenschen findest du übrigens hier:

Email: ————————————————————————————————————

Tel.: ————————————————————————————————————

choose love

Kera Deiss

Lieblingskörper

Wohlfühlich statt Wunschgewicht

choose **love**

2. Auflage 2019

© 2018 Kera Deiss
Danziger Str. 5, 72108 Rottenburg a.N.
Alle Rechte vorbehalten.

Herstellung und Verlag:

BoD - Books on Demand, Norderstedt

ISBN: 978-3-7481-5601-7

Lektorat: Robert Deiss, Dr. Simon Drescher
© Covergestaltung: Simon Pischel
© Grafik-Elemente und Fotos (Innenteil): Robert Deiss /
freepik
© Layout und Tabellen: Kera Deiss

info@choosenow.de
www.choosenow.de

Für meinen Lieblingsmenschen.
Du bist alles für mich und noch viel mehr.

Vorbemerkung

Ich möchte im Vorfeld gar nicht viel zu diesem Buch sagen, sondern es lieber für sich sprechen lassen. Dennoch ist es mir wichtig, einige kurze Hinweise zu geben.

Ich habe dieses Buch in erster Linie für Frauen geschrieben. Nicht, weil ich irgendjemanden ausschließen möchte. Da ich aber selbst nun mal eine Frau bin und *Lieblingskörper* aus meinen eigenen Erfahrungen erarbeitet habe, hat es sich angeboten, ein Buch speziell für Frauen zu schreiben. Trotzdem freue ich mich über jeden Menschen, der sich angesprochen fühlt. Im Sinne des Lesefluss habe ich mich dennoch an entsprechender Stelle jeweils für eine einzige Geschlechterform entschieden, weil ich mit der Zeit gemerkt habe, dass alles andere beim entspannten Lesen hindert.

Wer bei *Lieblingskörper* ein wissenschaftlich aufgearbeitetes Buch erwartet, ist hier an der falschen Adresse. Ich erhebe keinerlei Anspruch auf wissenschaftlich fundierte Exaktheit.

Auch möchte ich unbedingt allen Menschen mit ernsthaften psychischen Erkrankungen raten, ihr Heil nicht in *Lieblingskörper* zu suchen. Es handelt sich bei meinem Buch nicht um ein therapeutisches Werk und kann deshalb auch keine Therapie ersetzen. Wenn du wirklich schwerwiegende Probleme haben solltest, dann nimm bitte die qualifizierte Hilfe eines Psychologen in Anspruch. Du bist nicht allein mit deiner Krankheit.

Lieblingskörper ist im Eigenverlag entstanden. Ich habe mir die größte Mühe gegeben, Fehler zu vermeiden. Und ich weiß ganz genau, dass ich mit jedem Blick in das Buch tausend Fehler entdecken werde. Wie heißt es so schön, Irren ist menschlich. Falls dir Fehler auffallen sollten, bin ich dir mehr als dankbar, wenn du mich darauf hinweist. Du kannst dazu gern das Kontaktformular auf unserem Blog www.chooseloveblog.de nutzen; bitte mit dem Betreff „Höchsteilige Fehlermeldung *Lieblingskörper*". Ich bedanke mich schon einmal im Voraus für die ganzen eifrigen Lektoren und Fehlermelder. Danke;)

So, jetzt ist aber gut. Genug bemerkt. Over and out.

Lieblingskörper

Nach einer Mahlzeit hast du manchmal das Gefühl, dass du schon wieder zu viel gegessen hast? Dass du einfach nicht diszipliniert genug bist, weil du doch nicht ‚nein' sagen konntest zu irgendeiner superleckeren Kalorienbombe? Du fragst dich, ob du auf dem Crosstrainer schon genug Fett verbrannt hast, um dir so etwas überhaupt erlauben zu dürfen? Schließlich sieht deine Figur im Spiegel noch längst nicht so aus, wie du es dir wünschst? Du kannst dich nicht richtig entscheiden, ob dein Bauch, dein Po oder doch deine Oberschenkel deine größten Problemzonen an dir sind? Und im Vergleich zu anderen Frauen fühlst du dich sowieso oft unzulänglich, hässlich und irgendwie auch viel zu moppelig? Dann geht es dir wie vielen anderen Frauen, wie wahrscheinlich sogar den meisten Frauen. Dann geht es dir, wie es mir früher ergangen ist.

Über zehn Jahre meines Lebens bin ich einem Traum hinterhergerannt, der mich nicht nur einmal in eine Klinik gebracht hat. Ich dachte, wenn ich nur endlich schlank und schön sei, dann wäre ich etwas wert, dann wäre ich glücklich, erfolgreich und beliebt. Ich glaubte, der Welt beweisen zu müssen, wie schön ich bin. Etliche Miss-Titel, Agenturverträge und Modeljobs, etliche Jahre voller Diäten und Fressanfälle, voller Therapien und Rückschläge später, musste ich feststellen, dass ich nie schön genug sein konnte.

Es würde immer jemanden geben, der mich zu dick, zu unförmig oder zu unattraktiv fände. Ich selbst würde immer mein härtester Kritiker bleiben, weil ich vielleicht tolle Haare hatte, aber nicht so tolle wie …, ich vielleicht eine gute Figur hatte, aber längst nicht so schlank war wie … und ich vielleicht hübsch war, aber eben nicht so schön wie …. Ich rannte und rannte diesen Idealen hinterher und kam trotzdem nie an.

Mittlerweile gehören Model-Business, Essstörung und Selbstverachtung meiner Vergangenheit an. Ich habe für mich festgestellt, dass äußerliche Schönheit nie der Schlüssel zu einem tiefen, inneren Glück sein kann. Dass man den Körper nicht beliebig formen und hinbiegen kann wie man will, ohne gesundheitliche Konsequenzen davon zu tragen. Dass man nur verlieren kann, wenn man versucht, den Schönheits-, Leistungs- und Verhaltensidealen unserer Gesellschaft zu entsprechen.

Je mehr ich mich mit mir selbst auseinandergesetzt habe, desto häufiger habe ich mich gefragt, warum Schönheit für mich nur so wichtig war. Warum lassen wir Frauen uns auf unser Äußeres reduzieren, obwohl wir so viel mehr zu bieten haben – Verstand, Charakter, Herz? Warum sind wir fast selbstverständlich dazu bereit, uns selbst und unseren gesunden Körper so sehr abzuwerten, nur weil wir glauben, dass wir den Idealen entsprechend nicht ,schön' genug seien? Warum nutzen wir unsere wertvolle Zeit auf diesem Planeten nicht dafür, uns frei zu entfalten, unseren Träumen zu folgen und auf unser Herz zu hören, statt uns in irgendwelchen Fitnessstudios mit irgendwelchen Proteinshakes auf irgendwelchen Trainingsgeräten zum perfekten ,Beach-Body' zu quälen? Nur damit uns nachher Fremde auf Instagram sagen können, wie schön wir doch seien, wir uns am Ende des Tages aber trotzdem nicht gut genug fühlen?

Schluss! Aus! Stopp! Das haben wir nicht nötig. Das habe ich nicht nötig. Das hast du nicht nötig. Du bist ein wunderbarer, außergewöhnlicher und ganz einzigartiger Mensch. Ja. Du. Genau du. Du mit diesem Buch in der Hand, dich meine ich. Vielleicht weißt du es noch nicht, aber ich. Ich weiß es. Woher? Dich gibt es auf diesem Planeten nur dieses eine einzige Mal. Es gibt niemanden, der genauso lacht wie du. Es gibt niemanden, dessen Ohrläppchen genauso geformt sind wie deine. Es gibt niemanden, dessen Augen genauso funkeln wie deine, wenn er Seifenblasen hinterherjagt. Du bist einzigartig und wundervoll, genauso wie du bist. Du musst keine fünf Kilo abnehmen, auch keine zehn oder 20, um etwas wert zu sein. Du musst gar nichts. Du darfst. Du darfst glücklich sein, gesund und fit. Und ich möchte dir dabei helfen, dir selbst zu helfen.

Wenn du dir erhoffst, durch dieses Buch möglichst schnell möglichst viel abzunehmen, dann leg es besser gleich wieder weg. Denn hier wirst du keine Tipps finden, wie du dich mit Hilfe einer Diät runterhungern kannst, um dich dann bei Cheatdays oder Cheatmeals zwischendurch mal wieder so richtig vollstopfen zu können. Ich werde dir nicht verraten, mit welcher Sportart du deinen Körperfettanteil am besten reduzierst und bei welchen Alltagstätigkeiten du nebenbei noch ein paar überflüssige Kalorien verbrennst. Ich gebe dir nicht das Versprechen, dass du deinen Körper innerhalb von nur zehn Wochen in den Körper eines Models oder eines Fitnessprofis transformieren wirst, ohne dich dabei groß anstrengen zu müssen.

Ich gebe dir ein ganz anderes Versprechen. Ich verspreche dir, wenn du dich ernsthaft auf dieses Buch einlässt, wirst du nie wieder eine Diät brauchen, um dich äußerlich zu optimieren. Nie wieder. Das verspreche ich dir. Ich verspreche dir noch etwas: Wenn du dich auf dieses Buch einlässt, wirst du ein großes Stück weiterkommen auf dem Weg zur Selbstakzeptanz und damit auch zur Selbstliebe. Du wirst deinen Körper nicht länger als Feind betrachten, den es zu beherrschen gilt. Du wirst deinen Körper als das annehmen lernen, was er ist: ein Wunderwerk der Natur, der nur dein Bestes will. Du wirst deinen Körper als deinen ganz eigenen Körper kennen und lieben lernen – als Lieblingskörper. Und so ganz nebenbei wird dieser Lieblingskörper sein individuelles Wohlfühlgewicht finden, mit dem er bestmöglich fit und gesund leben kann.

Wieviel Zeit und Energie du jeden Tag in dich und deinen Lieblingskörper investieren möchtest, bleibt dabei ganz allein dir selbst überlassen. Du kannst jederzeit damit anfangen, brauchst keinerlei Vorkenntnisse. Alles, was du brauchst, ist dieses Buch, *ein paar bunte Stifte, Klebezettel, einen Kugelschreiber* und den Mut, etwas in deinem Leben zu verändern. Nutze dieses Buch als Arbeitsbuch: Markiere die Stellen, die dich inspirieren, klebe Heftzettel ein, um die wichtigsten Stellen schnell wiederzufinden, klebe Sticker ein, um die Seiten schöner zu gestalten, kommentiere das Gelesene, stell Fragen an den Text, an das Leben, an dich, stell den Text infrage, tob dich aus, sau rum, mache dieses Buch zu deinem Buch, lass deiner Kreativität keine Grenzen setzen – auch nicht von dir.

Sobald du ‚bewaffnet' bist, kann es eigentlich losgehen mit der Mission *Lieblingskörper* – also beinahe. Zuerst willst du wahrscheinlich noch wissen, was in den nächsten zwölf Monaten auf dich zukommen wird.

Veränderungen kommen nicht über Nacht, sie brauchen Zeit und die sollst du dir nehmen können. Jeder Monat beschäftigt sich mit einer anderen Thematik, zu welcher du eine Monatsaufgabe sowie vier bis fünf Wochenaufgaben gestellt bekommst. Zu Beginn eines jeden Monats findest du einen kurzen inhaltlichen Input, in dem ich meine Gedanken mit dir teile, dich auf das Thema vorbereiten und dich zum Nachdenken anregen möchte. Vielleicht findest du dich durch meine Worte bestätigt. Vielleicht bekommst du eine neue Perspektive auf die Welt eröffnet. Vielleicht bist du aber auch völlig anderer Meinung als ich. Das ist gut, das ist sogar sehr gut.

Ich erhebe nicht den Anspruch, die Weisheit des Lebens für mich gepachtet zu haben – ganz im Gegenteil. Je mehr ich mich mit dem Leben und mir auseinandersetzte, desto mehr erkenne ich immer wieder aufs Neue, wie oft ich mich doch geirrt habe. Aber Irren gehört zum Wachsen dazu. Es schenkt uns die Möglichkeit, uns selbst und unsere Motive noch einmal auf andere Art zu hinterfragen. Ich bitte dich also darum, dich sehr kritisch mit meinen Gedanken auseinanderzusetzen und Aussagen, die du für Quatsch hältst, in Frage zu stellen.

Neben den Texten warten auch noch kleine Inspirationen auf dich, die dich auf deinem Weg bestärken und ermuntern sollen, sowie Wochenübersichten, die du als Kalender oder Planer in deinem Sinne nutzen kannst. Außerdem findest du immer wieder *Freiraum*-Seiten, auf denen du dir Notizen machen, Fragen aufschreiben oder was auch immer tun kannst.

Am besten schaust du dir am Ende des Monats beziehungsweise am Ende der Woche deinen Auftrag für den nächsten Abschnitt an, damit du weißt, was auf dich zukommt und du besser planen kannst. Wie intensiv du dich auf die Texte, Inspirationen und Aufgaben einlässt, bleibt dir überlassen.

Es werden mit Sicherheit Aufgaben und Übungen kommen, die dir zu Beginn erstmal komisch erscheinen mögen. Ich bitte dich, führe sie dennoch mit ganzem Herzen aus. Manche dieser Aufgaben werden danach immer noch komisch für dich sein, aber andere werden dich überraschen. Manche Aufgaben, die dir mehr zusagen, werden am Ende vielleicht nicht das erhoffte Ergebnis bringen, andere wiederum werden dich sehr beeindrucken. Fühle dich aber auch frei, die Aufgaben so auf dich und dein Leben anzupassen, wie sie dir guttun.

Alle Aufgaben, bei denen du letztendlich merken solltest, dass sie dir nicht liegen, kannst du getrost für immer vergessen, mit einem schwarzen Stift aus deinem Buch rausstreichen, aber vielleicht auch einfach für einen späteren Zeitpunkt bewahren, in dem sie möglicherweise besser zu dir und deinem Leben passen. Alle Aufgaben, die dir wiederum ein gutes oder sogar ein besonders gutes, megabombastischen Glücksgefühl geben, darfst du mit farbigen Stiften, Notizen, Stickern oder Klebezetteln hervorheben, damit du sie jederzeit wiederfindest.

Solltest du die ein oder andere Aufgabe bereits kennen oder sogar schon in deinen Alltag integriert haben, versteh sie doch einfach als Einladung, dich wieder neu auf sie einzulassen oder deinen Fokus in der entsprechenden Woche verschärft darauf zu richten.

Du merkst also: *Lieblingskörper* ist das, was du daraus machst. Es ist ein Angebot, das du so nutzen und zuschneiden kannst, wie es gut für dich und deine Entwicklung ist. Nimm dir die Zeit, die du dafür brauchst. Und wenn du einmal einen Tag haben solltest, an dem du es nicht schaffen solltest, mit dem Buch zu arbeiten: kein Problem. Dann machst du einfach am übernächsten Tag weiter. Ich bitte dich nur darum, am Ball zu bleiben. Sei es dir selbst wert, dich um dich zu kümmern und gib nicht auf.

Wenn du magst, kann *Lieblingskörper* dich auch im Anschluss an das Jahr als eine Art Nachschlagewerk begleiten, das du immer wieder zur Hand nehmen kannst, wenn du dir bestimmte Übungen oder Gedanken noch einmal ins Bewusstsein rufen möchtest. Mach *Lieblingskörper* zu deinem ganz persönlichen Reisebegleiter auf deinem Weg zu deinem Lieblingskörper.

Deine Kera

Möge die Reise beginnen...

„Wer ein Ziel vor Augen hat, findet seinen Weg.“

Bevor es mit der eigentlichen Reise losgeht, möchte ich mit dir eine kurze Bestandsaufnahme deiner aktuellen Situation machen. Du hast dieses Buch mit einer bestimmten Absicht in die Hand genommen. Hättest du nicht die Absicht, etwas in deinem Leben zu verändern, würdest du dich gar nicht mit diesem Buch beschäftigen. Aber du hältst es in Händen, also lass uns herausfinden, warum.

Was ist dein grösster Traum?

Was würdest du gern an dir verändern?

Was würdest du gern an deinem Körper verändern?

Was würdest du gern an deinem Leben verändern?

Was erhoffst du dir von diesem Buch?

Welche Ziele hast du für das kommende Jahr?

Sobald du die Fragen beantwortet hast, versiegle sie. Ja, du hast mich richtig verstanden. Ich möchte, dass du die Fragen so versiegelst, dass du bis Ende des Jahres keinen Zugriff mehr darauf hast. Du kannst Klebeband, einen Tacker oder Büroklammern benutzen. Hauptsache, du kannst das Jahr über nicht spicken, deine Versiegelung zu gegebener Zeit aber auch wieder lösen.

Phase 01

Mein altes Ich hinter mir lassen

01 Gesellschaft

So viel mehr als schön

Warum glauben wir Frauen, dass unser persönliches Glück von dem Maß unserer Schönheit abhängt? Vielleicht liegt es ja daran, dass egal wo wir hinschauen – ob auf Werbereklamen, im Fernsehen oder auf Instagram – uns überall wunderschöne Menschen entgegenlächeln, die das Glück scheinbar für sich gepachtet haben. Unsere Gesellschaft vermittelt uns ganz klar, wenn du als Frau glücklich und erfüllt sein möchtest, musst du vor allem eins sein: schön. Denn nur wer schön ist, ist beliebt, ist erfolgreich, bekommt einen attraktiven Mann ab und hat damit die Chance auf ein glückliches Leben. Und wollen wir in unserem tiefsten Inneren nicht genau das sein – glücklich und erfüllt?

Wenn Glück nun aber von Schönheit abhängt, haben wir alle wohl ein Problem. Denn wann ist schön überhaupt schön genug? Man kann doch immer noch eins oben draufsetzen. Was ist, wenn auf einmal jemand schöner ist als wir? Zieht er dann automatisch etwas von dem Glück von uns ab, das eigentlich für uns bestimmt war? Und was ist, wenn wir mit Genen geboren worden sind, die so gar nicht den aktuellen Schönheitsidealen entsprechen wollen? Sind wir dann dazu verdammt, für immer unglücklich zu sein, weil wir im falschen Zeitalter geboren worden sind?

Für unser Aussehen können wir nichts – das haben uns Mama und Papa mitgegeben, mit Leistung hat das also wenig zu tun. Klar, wir können uns die Haare färben, wir können uns schminken oder ins Fitnessstudio gehen. Aber wenn wir 1,80 m groß sind, werden wir immer 1,80 m groß bleiben, auch wenn wir lieber 1,60 m groß wären. Und auch die Zeit hat keine Gnade mit dem Aussehen. Wir können tun, was wir wollen und können es doch nicht verhindern, dass wir mit fünf anders aussehen als mit 15, mit 50 oder mit 95.

Und doch versuchen wir mit allen Mitteln, diesen Schönheitsidealen, die sich irgendwann irgendwer ausgedacht hat, ein Stückchen näherzukommen. Nur weil wir glauben, dann vielleicht doch noch ein bisschen glücklicher zu sein. Wir haben längst vergessen, wie wenig wichtig Schönheit eigentlich ist. Es braucht keinen besonderen Intellekt, es bedarf keiner außergewöhnlichen Fähigkeiten oder Kreativität, es benötigt noch nicht einmal Charakter oder Herz, um schön zu sein. Wir haben so viel mehr zu bieten und lassen uns doch viel zu bereitwillig auf unser Aussehen reduzieren.

Dank der modernen Schönheits-, Mode- und Fitnessindustrie ist Schönheit mittlerweile zu einer Art Allgemeingut geworden, das prinzipiell für jeden erreichbar geworden ist, der bereit dazu ist, genug Geld und Zeit in das perfekte Aussehen zu investieren. Jeder trägt die gleiche schöne Frisur, das gleiche schöne Makeup, die gleichen schönen Kleider. Und doch gibt es immer jemanden, der noch schöner, beliebter und glücklicher zu sein scheint. Anstatt das System zu hinterfragen, investiert man einfach noch mehr in die eigene Schönheit. Warum sind wir Frauen so darauf getrimmt, schön sein zu wollen? Uns bei Modelcontests, auf Instagram und sogar im Alltag zur Schau zu stellen und andere darüber entscheiden zu lassen, wie schön wir im Vergleich zu anderen sind? Da setzen wir uns passiv dem Urteil anderer aus, anstatt aktiv unser eigenes Potenzial zu entfalten.

Schönheit ist ausschließlich passiv. Nicht nur, weil wir so wenig für unsere Schönheit können, sondern vor allem, weil Schönheit der Blick und das Urteil anderer ist. Ein Gegenstand, ein Lebewesen, ein Mensch ist erst in dem Augenblick schön, in dem ein anderer entscheidet, das, was er sieht, als schön zu empfinden.

Stell dir eine Rose am Strauch vor. Markus empfindet die Rose als zu langweilig. Lisa empfindet dieselbe Rose als zu bunt. Sarah wiederum glaubt, vor ihren Augen die schönste aller Blumen zu haben. Drei verschiedene Menschen, drei verschiedene Urteile, aber ein und dieselbe Rose, die keinerlei Einfluss auf die Meinungen der drei Personen nehmen kann. Über wen sagt das Urteil dieser Menschen nun mehr aus? Über die Rose oder über die Urteilenden?

Nehmen wir nun einmal an, die Rose könnte aktiv etwas an ihrem Aussehen verändern – beispielsweise ihre Farbe. Wäre sie farbenfroher, fände sie Markus vielleicht schöner, Lisa aber wahrscheinlich erst recht zu bunt und Sarah würde sie vermutlich auch nicht mehr als schönste aller Blumen wahrnehmen, weil die Rose nun nicht mehr sie selbst wäre. Vielleicht könnte sie ihre Farbe sogar so anpassen, dass sie allen drei Betrachtern gefiele. Doch spätestens Amelie, Lars oder Kathrin hätten dann irgendetwas an ihr auszusetzen. Von der eigentlichen Rose mit ihren ganz besonderen, einzigartigen Merkmalen wäre längst nichts mehr übrig. Egal was die Rose tun würde, sie könnte nie allen Betrachtern gleich gut gefallen.

Aber vielleicht könnte sie es ja mit besonders viel Anstrengung schaffen, sich von ihrer Einzigartigkeit zu verabschieden und möglichst vielen

Geschmäckern gerecht zu werden. Dann wäre sie für den Moment die schönste und beliebteste Rose am Strauch. Nun würden die anderen Rosen vielleicht genau so sein wollen wie sie, ihr in ihrem Aussehen nacheifern, weil sie glaubten, dann gleichermaßen schön und beliebt zu sein. Am Ende hätten wir einen Strauch voller gleich ‚schöner' Klon-Rosen, die alle gleich perfekt, gleich makellos und gleich langweilig wären. Individualität ade. Und das alles nur, um irgendwelchen Menschen zu gefallen, die unter Umständen so schnell ihre Ansichten wechseln wie der April das Wetter. Gar nicht auszudenken, was passieren würde, wenn eine neue Rose wüchse, die vielleicht noch mehr Menschen noch besser gefiele.

Dann würde unsere Rose womöglich ganz in Vergessenheit geraten. Denn Schönheit ist vergänglich. Nicht nur, weil die Zeit Schönheit verändert, sondern auch weil wir uns an Schönheit gewöhnen. Die Rose, die wir aufgrund ihres Äußeren beim ersten Anblick vielleicht noch atemberaubend schön fanden, büßt mit jedem weiteren Blick ein bisschen ihrer Magie ein. So wie wir uns an Übelkeit erregende Gerüche gewöhnen, die uns im ersten Moment noch würgen lassen, gewöhnen wir uns an den Anblick von Schönheit. Irgendwann hat sich unser Auge an ihre Farbe, ihre Form und ihre Beschaffenheit gewöhnt. Sie wird zu einer alten Bekannten, zur Normalität. Entdecken wir dann eine andere Rose mit einer anderen Farbe, wird diese andere Rose zu etwas ganz Besonderem und raubt uns erneut den Atem, einfach nur weil sie anders ist als unsere Rose.

Was wohl schmerzhafter ist? Nie die schönste Rose gewesen zu sein oder nur noch die schönste Rose von gestern oder vorgestern zu sein? Was bleibt denn noch, wenn man sein wahres Wesen aufgegeben hat, nur um anderen zu gefallen, und plötzlich gefällt man nicht mehr? Ist man überhaupt noch eine Rose, wenn alles, was einen als Rose ausgemacht hat, die vergangene Bewunderung der Menschen für die einstige Schönheit ist? Eine Rose, die einfach nur makellos schön ist, kann in Krisenzeiten auch niemanden nähren oder wärmen. Für was würdest du dich denn kurz vor dem Hungertod entscheiden: Für eine schöne Rose oder eine runzelige Kartoffel?

Schönheit ist also nicht nur passiv und vergänglich, sondern eben auch meistens ohne größeren Nutzen. Durch die richtige Outfitkombination wurde noch kein Leben gerettet, außer vielleicht das eines Bergsteigers. Und das perfekte Makeup hat auch noch kein Leben besser gemacht, außer vielleicht das eines Clowns. Warum wollen wir also in der Passivität unserer Schönheit verweilen, statt aktiv unser Leben zu gestalten, die Welt zu verbessern und Menschen glücklicher zu machen? Warum wollen wir uns in unserer Schönheit entmündigen lassen, anstatt das Wort zu ergreifen und wirklich etwas zu bewegen?

Wenn du einen starken, gefestigten Charakter hast, brauchst du dann wirklich noch die neueste Mode, um deine Persönlichkeit zum Ausdruck zu bringen? Oder reicht dann nicht auch nützliche, bequeme und wohlfühlige Kleidung aus? Wenn du dich selbst akzeptierst und schätzt wie du bist, brauchst du überhaupt noch Makeup, um deine vermeintlichen Makel zu kaschieren? Und wenn du die Einzigartigkeit deines Körpers erkennst, brauchst du dann immer noch einen eisernen Willen, um dein Power-Workout durchzustehen? Oder reicht nicht auch einfach die Freude an einer gesunden, moderaten Bewegung aus? Nutze deine Zeit und Ressourcen dafür, dich selbst kennen, akzeptieren und lieben zu lernen und du wirst oberflächliche Schönheit und Bewunderung von außen nicht mehr brauchen, weil du dir selbst genug bist.

Lass uns diesen Monat gemeinsam daran arbeiten, unserem Körper mit mehr Zuneigung und Liebe zu begegnen. Weniger Wert auf Äußerlichkeiten zu legen und neue Perspektiven kennenzulernen. Aber lass uns vor allem daran arbeiten, unserem Körper, diesem Wunderwerk der Natur, viel mehr Dankbarkeit entgegenzubringen.

Freiraum

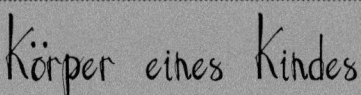

Körper eines Kindes

Kannst du dich noch an die Zeit erinnern, als du ein Kind warst und es dir ganz egal war, wie dein Körper aussieht? In der du noch nicht in Kategorien wie schön und hässlich, dick und dünn oder perfekt und unperfekt gedacht hast? In der dein Körper einfach nur dein Körper war, der neue Dinge lernt, der hüpfen und tanzen, rennen und sich drehen kann, der lustige kleine Muttermale und seltsame Schnörkel in den Ohren hat? Kannst du dich an diese Zeit erinnern, in der du noch einfach du warst, frei von den Normen der Gesellschaft?

Was für eine wunderschöne Zeit. Lass uns diesen Monat ein bisschen von dieser Zeit zurück in unser jetziges Leben holen. Lass uns unseren Körper mit dem Herzen eines Kindes entdecken.

Beginne dich im Alltag zu beobachten. Wie nimmst du deinen Körper wahr? Nimmst du deinen Körper überhaupt wahr oder ist er einfach nur ein stummer Begleiter, der sich nur mal meldet, wenn irgendetwas nicht stimmt? Versuche in freien Momenten – ob an der Ampel, an der Supermarktkasse oder beim Warten auf den Bus – in deinen Körper hineinzuspüren. Wie fühlen sich deine Arme an, dein Bauch, deine Beine? Fühlst du dich gut und energiegeladen oder eher schlapp und müde? Bewerte dein Empfinden aber bitte nicht, sondern nimm es einfach nur wahr. Es hat einen Grund, warum du müde bist. Dein Körper versucht dir zu sagen, dass er nicht genug Ruhe bekommt, dass er vielleicht zu viel Stress hat oder du ihn sonst irgendwie überforderst.

Jetzt frage dich, was würde wohl ein Kind tun, wenn es müde wäre? Es würde schlafen. Wahrscheinlich musst du arbeiten und kannst nicht einfach schlafen. An der Ampel einzuschlafen ist wahrscheinlich auch nicht die allerbeste Idee. Aber mit Sicherheit gibt es Möglichkeiten, wie du etwas an deinem Alltag ändern kannst, damit dein Körper das bekommt, was er braucht. Vielleicht kannst du abends den Fernseher ein bisschen früher ausmachen und stattdessen eher ins Bett gehen. Oder du machst in der Mittagspause einen kleinen Spaziergang, um aus dem Büro rauszukommen und Stress abzubauen. Es gibt viele Möglichkeiten, du musst nur offen für kleine Änderungen sein.

Es ist doch erstaunlich, wie viel besser Kinder Verantwortung für sich und ihren Körper übernehmen als Erwachsene. Ein Kind lässt alles stehen und liegen für seine eigenen Bedürfnisse. Das dürfen wir auch gerne öfter mal tun. Unsere Verpflichtungen sind Morgen immer noch da.

Kinder kennen ihre Bedürfnisse. Wenn sie Lust haben, die Straße entlang zu hüpfen, dann hüpfen sie. Wenn sie Lust haben zu tanzen, dann tanzen sie. Wenn sie Lust haben zu rennen, dann rennen sie. Sie machen sich keinerlei Gedanken darüber, was andere wohl über sie denken könnten. Sie machen einfach, was gut für sie ist. Wenn sie merken, dass sie an körperliche Grenzen stoßen, dann finden sie Wege, ihre Fähigkeiten so lange zu erweitern, bis die Grenzen keine Grenzen mehr für sie sind, sondern nur noch Hindernisse, die sie überwunden haben. Und wenn sie 100 Mal wieder aufstehen müssen, weil sie bei den ersten Gehversuchen auf dem Popo gelandet sind.

Sie haben Spaß daran, Neues zu lernen und zu entdecken. Stundenlang können sie ihre Hand anschauen und erkennen doch immer mehr: die Linien auf der Haut, die verschiedenen Bewegungsmöglichkeiten der einzelnen Finger, die Unterschiede zwischen beiden Händen.

Deine Aufgabe diesen Monat lautet also: **Sei wieder Kind in deinem Körper!**

1. Beobachte dich liebevoll im Alltag, nimm die Bedürfnisse deines Körpers wahr und versuche ihnen ein bisschen gerechter zu werden.
2. Entdecke die kindliche Lust deines Körpers sich zu bewegen und mach dir nicht so viel Gedanken darum, was andere vielleicht denken. Hüpfe, tanze, renne durchs Leben.
3. Lerne die Eigenschaften deines Körpers kennen. Betrachte ihn, ohne ihn zu bewerten. Du hast Falten? Ganz egal! Du hast Speckröllchen? Ganz egal! Es sind deine.
4. Erkenne deine körperlichen Grenzen und versuche sie zu erweitern. Treppensteigen bringt dich außer Atem? Dann steige öfter Treppen!

Formulier pro Aufgabenbereich ein konkretes Ziel.

z.B.:
1. *Ich möchte diesen Monat gerne eine halbe Stunde früher ins Bett gehen.*
2. *Ich möchte aus Spaß durch den Park rennen.*
3. *Ich möchte meine Hände und ihre Fähigkeiten besser kennenlernen.*
4. *Ich möchte gern auf einen Baum klettern.*

Überprüfe im Laufe des Monats immer wieder deine Ziele. Passen die Ziele noch? Oder möchtest du sie lieber umformulieren? Hast du sie bereits erreicht und möchtest dir vielleicht nochmal neue Ziele setzen?

Egal was du tust, setzte dich bitte nicht unter Druck. Es soll dir Spaß machen, guttun und dich nicht zusätzlich stressen. Sei gut zu dir selbst. Aber habe auch den Mut, neue Wege zu gehen. Du hast nichts zu verlieren. Du kannst nur gewinnen.

Deine Monatsziele

1.

2.

3.

4.

monat   kw

montag

dienstag

mittwoch

donnerstag

freitag

samstag

sonntag

Du bist mehr wert als dein Aussehen.

Eine Frage der Schönheit

Von klein auf bekommen Mädchen vor allem eines vermittelt – wie wichtig es ist, schön zu sein. Während in Märchen die bösen Hexen meist als hässlich wie die Nacht beschrieben werden, sind die lieben Prinzessinnen in der Regel die Allerschönsten des Landes. Und wer wird am Ende von Prince Charming gerettet? Die hässliche Hexe eher selten. Wer also den Traummann für sich gewinnen will, muss mindestens die Allerschönste im ganzen Land sein, sonst hat Frau eh keine Chance. Aber wer bestimmt überhaupt, was schön ist? Schönheit liegt eigentlich im Auge des Betrachters. Bei Blumen ist das kein Problem. Der eine findet Rosen schöner, der andere mag lieber Sonnenblumen. Wenn es aber um menschliche Schönheit geht, haben wir doch oft ein recht eingeschränktes Bild davon, was wir als schön empfinden.

Oder wie geht es dir? Was findest du schön? Und vor allem wie stehst du zu deiner eigenen Schönheit? Die folgenden Fragen sollen dir dabei helfen, das für dich selbst herauszufinden. Es gibt kein richtig und kein falsch. Es geht nur um dich. Notiere, was immer dir in den Sinn kommt, aber notiere mindestens fünf Aspekte pro Frage. Ich bitte dich, beim Beantworten der einzelnen Fragen die Zeit zu stoppen. Die jeweilige Zeit kannst du dann am Ende jeder Frage auf der dafür vorgesehenen Linie eintragen.

Was macht einen schönen Menschen für dich aus?

❖ _____

❖ _____

❖ _____

❖ _____

❖ _____

Zeit: _____

Was findest du schön an dir?

- ❖ ....
- ❖ ....
- ....
- ❖ ....
- ....
- ❖ ....
- ....
- ❖ ....

Zeit: ....

Was findest du nicht schön an dir?

- ❖ ....
- ....
- ❖ ....
- ....
- ❖ ....
- ....
- ❖ ....
- ....
- ❖ ....

Zeit: ....

Für welche Frage hast du die längste Zeit gebraucht, um sie zu beantworten? Ist es dir leichter gefallen über die Schönheit anderer Menschen zu schreiben als über deine eigene? Hast du länger gebraucht, um aufzuschreiben, mit was du zufrieden bist oder mit was du unzufrieden bist? Oder ist es dir vielleicht sogar schwergefallen, überhaupt 5 Aspekte an dir zu finden, die du wirklich schön findest?

Egal, wie du geantwortet hast, in den nächsten Wochen wollen wir daran arbeiten, dass du noch zufriedener mit dir wirst, als du es zum jetzigen Zeitpunkt vielleicht schon bist, und dass du dir selbst dieselbe Wertschätzung entgegenbringst, mit der du anderen Menschen begegnest.

Freiraum

monat	kw

montag

dienstag

mittwoch

donnerstag

freitag

samstag

sonntag

Schönheit fesselt das Auge,
Persönlichkeit erobert das Herz.

Geliebte Problemzonen

Letzte Woche hast du dir Gedanken darüber gemacht, was du an dir schön findest und was nicht. Wenn du ohne Probleme die Frage beantworten konntest, was du an dir magst, möchte ich dir dazu gratulieren, dass du dich selbst so gern hast. Falls du ohne Probleme die Frage beantworten konntest, was du nicht an dir magst, auch nicht schlimm. Dann ist die Aufgabe diese Woche genau das Richtige für dich.

Ich bitte dich, dir noch einmal die Aspekte an deinem Körper vorzunehmen, die dir nicht so gut gefallen, und zu jeder dieser vermeintlichen ‚Problemzonen' aufzuschreiben, warum du sie so sehr liebst. Ja, du hast mich richtig verstanden. Du sollst dir überlegen, warum du die Körperregionen, die du eigentlich so überhaupt nicht leiden kannst, liebst.

Du kannst entweder all deine ‚Problemzonen' auf einmal zu lieben lernen oder aber jeden Tag der Woche einem anderen Aspekt widmen. Deiner Kreativität sind dabei keinerlei Grenzen gesetzt. Manchmal hilft auch ein kleines Augenzwinkern dabei, ein wenig Leichtigkeit zu gewinnen.

Ich zum Beispiel hatte ganz lang Probleme mit meinem Bauchspeck. Ich würde mir also überlegen, warum ich meinen Bauchspeck so sehr liebe:

Ich liebe meinen Bauchspeck, weil er zeigt, dass ich immer genug zu essen habe.

Ich liebe meinen Bauchspeck, weil er viel mehr Streichelfläche bietet.

Ich liebe meinen Bauchspeck, weil ich immer eine gute Abstellmöglichkeit für mein Buch habe.

Ich liebe meinen Bauchspeck, weil es dank ihm deutlich bequemer ist, auf dem Bauch zu liegen.

Ich liebe meinen Bauchspeck, weil er ein Zeichen dafür ist, dass ich mein Leben geniesse.

Jetzt bist du an der Reihe!

1.

2.

3.

1.

5.

Wie ist es dir dabei ergangen? Hat es sich anfangs komisch angefühlt, über Aspekte deines Körpers, die dir vielleicht Unbehagen bereiten, positiv zu schreiben? Ihnen auf eine andere Art zu begegnen, wie du es eigentlich gewohnt bist? Oder hat es dir mit der Zeit sogar ein gutes Gefühl gegeben, so liebevoll mit deinem Körper umzugehen?

Dein Körper wird dir deine Wertschätzung auf jeden Fall danken. Und wer weiß, vielleicht hat sich die Sicht auf deine neuen Lieblingszonen ja verändert und du kannst ihnen in Zukunft noch wohlwollender begegnen.

monat   kw

....

montag

....

dienstag

....

mittwoch

....

donnerstag

....

freitag

....

samstag

....

sonntag

Um zu sehen, muss man das Herz öffnen.

Problemzonen ade

Hast du dir eigentlich schon mal Gedanken über das Wort ‚Problemzonen' gemacht? Ich habe mich schon oft gefragt, wer sich das wohl ausgedacht hat. Da wird ein Teil des Körpers problematisiert, weil er nicht irgendwelchen Schönheitsidealen entspricht.

Meine Beine sind doch nicht dazu da, schön, schlank und makellos zu sein. Eigentlich hat mir das Leben meine Beine geschenkt, damit ich stehen kann und gehen oder rennen und springen. Meine Beine leisten so viele großartige Dinge und ich habe oft nichts Besseres zu tun, als unzufrieden mit ihnen zu sein, weil sie nicht schön genug sind. Wie absurd ist das denn? Aber genau so funktioniert die Schönheitsindustrie. Sie erzeugt schlechte Gefühle in uns für Dinge, für die wir eigentlich vor allem eines sein sollten: DANKBAR!!!

Genau darum soll es diese Wochen gehen – aus unseren ‚Problemzonen' Lieblingszonen zu machen. Dafür darfst du dir ein letztes Mal die Körperregionen vornehmen, mit denen du in Woche I nicht wirklich zufrieden warst.

Suche dir einen Ort, an dem du für die Aufgabe ungestört bist. Trage in die Liste die fünf Körperteile ein, die bisher zu kurz gekommen sind, und danke ihnen von ganzem Herzen für das, was sie dir jeden Tag Gutes tun.

z.B.:
Ich danke meinen (wunderbaren) Beinen dafür, dass sie mich so zuverlässig durchs Leben tragen.

Selbst wenn es so sein sollte, dass deine dich vielleicht nicht durchs Leben tragen, findest du bestimmt etwas anderes, wofür du deinen Beinen dankbar sein kannst.

Wenn du deine Liste dann vervollständigt hast, setzte dich ganz bequem hin und schließe die Augen. Beginne mit dem ersten Körperteil. Streichle es liebevoll und danke ihm mit einem Lächeln. Versuche das Gefühl von Dankbarkeit wirklich zu spüren. Wiederhole das Ganze drei- bis fünfmal, bevor du zum nächsten Körperteil wanderst. Bleibe zum Schluss noch ein bisschen mit geschlossenen Augen sitzen und spüre nach, wie du dich fühlst.

Ich danke _____

_____

Ich danke _____

_____

Ich danke _____

_____

Ich danke _____

_____

Ich danke _____

_____

Du kannst für dich selbst entscheiden, ob du die Übung nur einmal am Stück machst oder ob du sie zwei- oder dreimal oder sogar jeden Tag der Woche wiederholst. Alles ist richtig, so lange es sich für dich gut anfühlt. Fühle dich frei, zu tun, was gut für dich ist.

Wie geht es dir nach dieser Aufgabe? Wie fühlt sich dein Körper an? Jegliche Reaktion ist in Ordnung; egal ob es sich vielleicht anfangs ein wenig seltsam angefühlt hat oder ob du möglicherweise sogar weinen musstest. Jede Emotion, die du dabei empfunden hast, ist genau richtig, weil es deine Emotion ist.

monat   kw

montag

dienstag

mittwoch

donnerstag

freitag

samstag

sonntag

Dankbarkeit ist der Schlüssel zu einem erfüllten Leben.

Danke sagen

Mit jeder Woche bekommst du ein besseres Gefühl für deinen Körper. In Woche 4 wollen wir weitermachen, wo wir in Woche 3 aufgehört haben – bei der Dankbarkeit.

Eigentlich wollen wir im Leben doch vor allem eines: glücklich und zufrieden sein, ein erfülltes Leben führen. Glück ist keine Frage von Zufall oder Schicksal. Glück ist eine Frage der Einstellung. Ein Glas, das bis zur Hälfte mit Wasser gefüllt ist, kann entweder halbvoll oder halbleer sein. Was glaubst du? Wer ist wohl glücklicher – der Mensch mit einem halbvollen Glas oder der mit einem halbleeren?

Du kannst entweder traurig sein, dass du dein Glas schon halb geleert hast, jetzt nur noch die Hälfte übrig ist und sich dein Genuss dem Ende nähert. Oder du kannst dankbar dafür sein, dass obwohl du schon ein halbes Glas genießen konntest, noch ein weiteres halbes auf dich wartet, wo andere Menschen vielleicht nicht mal ein viertel Glas zur Verfügung haben.

Dankbarkeit ist also ein Schlüssel zum Glück und damit ein Schlüssel zu einem erfüllten Leben. Das Schöne an Dankbarkeit ist nicht nur, dass sie so glücklich macht, sondern dass man sie lernen kann. Je öfter du Dankbarkeit übst, desto öfter wird sie sich von allein im Alltag einstellen, weil dir immer mehr auch die kleinen Dinge des Lebens auffallen, für die es sich lohnt, dankbar zu sein.

Deshalb bitte ich dich, dir diese Woche jeden Tag einmal die Zeit zu nehmen, drei Körperteilen zu danken – so wie du es letzte Woche mit deinen Lieblingszonen gemacht hast. Vielleicht schaffst du es ja sogar, jeden Tag einem anderen Körperteil zu danken, sodass du am Ende der Woche wirklich deinem ganzen Körper gedankt hast.

Fülle dazu jeden Tag die entsprechende Liste aus. Schließe dann die Augen und danke mit einem Lächeln dreimal jedem der drei Körperteile.

Tag 1

Ich danke ....

....

Ich danke ....

....

Ich danke ....

....

Tag 2

Ich danke ....

....

Ich danke ....

....

Ich danke ....

....

Tag 3

Ich danke ....

....

Ich danke ....

....

Ich danke ....

....

Tag 4

Ich danke ....

....

Ich danke ....

....

Ich danke ....

....

Tag 5

Ich danke ....

....

Ich danke ....

....

Ich danke ....

....

Tag 6

Ich danke ....

....

Ich danke ....

....

Ich danke ....

....

Tag 7

Ich danke _____

_____

Ich danke _____

_____

Ich danke _____

_____

Wie geht es dir nach einer Woche Dankbarkeit? Merkst du bereits Unterschiede im Alltag? Und wie fühlt sich dein Körper für dich an? Hat sich dein Gefühl für ihn in diesem ersten Monat schon verändert? Höre in dich hinein und du wirst die Antwort finden.

Jede dieser Aufgaben ist ein Angebot an dich. Wenn du spürst, dass dir bestimmte Übungen richtig guttun, darfst du sie selbstverständlich jederzeit wiederholen. Mache dir die Aufgaben zu eigen und variiere sie so, wie du es möchtest. Trau dich. Dein Körper sagt dir ganz genau, was er braucht. Und je mehr du ihn kennen und lieben lernst, desto besser wirst du verstehen, was er dir zu sagen hat.

02 Medien

Individualität braucht kein Photoshop

Wenn man etwas oft genug sieht, dann glaubt man es irgendwann auch. Ob es sich bei dem, was man sieht, um die Realität handelt oder um ein gephotoshoptes Bild, macht für unser Gehirn keinerlei Unterschied – zumindest nicht in der Verarbeitung. Es sieht ein überperfektes Model mit einem überperfekten Körper auf einem Foto und ‚glaubt', es sei echt. Obwohl wir eigentlich wissen, dass sämtliche Bilder von Models, Promis oder Influencern in Hochglanzmagazinen, auf Werbereklamen oder im Fernsehen retuschiert werden, fangen wir an, Gefallen an diesen übernatürlich schönen Frauen zu finden, uns gar mit ihnen zu vergleichen.

Wen wundert es da, dass einer Studie aus dem Jahr 2016 von myMarktforschung.de zufolge gerade einmal 41% aller deutschen Frauen im Alter von 18 bis 70 Jahren zufrieden mit ihren Körpern und ihrem Aussehen im Allgemeinen sind. Mit Sicherheit kann man die Medien nicht allein für unsere Unzufriedenheit verantwortlich machen. Und trotzdem tragen sie doch einen erheblichen Teil zu dem Verständnis bei, dass wir von Schönheit haben.

Egal ob Mode-, Schönheits- oder Fitness-Industrie, alle bauen sie ihren großen Erfolg auf dem geringen Selbstwertgefühl von Frauen und Männern, Mädchen und Jungen auf. Schau dir doch mal Werbe- oder Modefotos an. Darauf sind Ideale abgebildet, die du als normaler Mensch niemals erreichen kannst. Egal wie oft du ins Fitness-Studio gehst, wie oft du Obst statt Schokolade isst, wie oft du dich sogar unters Messer legst, du wirst nie in deinem ganzen Leben so aussehen wie die Models auf den Bildern. Photoshop sei Dank, werden künstliche Menschen erschaffen, die so übernatürlich makellos und perfekt sind, dass sie fern jeglicher Realität existieren.

Am Ende bist du der Depp, weil du vor der Reklame stehst, dich mit dem wunderschönen Model vergleichst und dich schlecht fühlst, weil du nicht so aussiehst wie sie: ‚Du musst unbedingt etwas an dir ändern. So kannst du doch nicht rumlaufen. Was sollen denn die Leute von dir denken?' Praktischerweise liefern dir die Werbemenschen aber gleich schon die Lösung für deine Probleme: Du musst nur unsere Antifaltencreme benutzen, unseren ‚Fett-weg-Shake' trinken oder unser Kleid tragen, dann wirst du ein bisschen mehr wie unser Model sein – schön, schlank und glücklich. Nur nicht schön genug, schlank genug oder glücklich genug. Nicht, dass du nachher noch auf die Idee kommst, aufhören zu wollen, dich zu optimieren. Du musst immer, immer weitermachen, immer, immer mehr kaufen und immer, immer schöner werden.

Je mehr du dich mit deinem Aussehen und deinem Körper auseinandersetzt, desto verzerrter wird die Wahrnehmung deines Körpers, wächst deine Unzufriedenheit mit dir selbst. Was früher einfach deine Beine waren, die dich durch die Gegend getragen haben, sind auf einmal deine Beine, die nicht so lang sind wie Modelbeine, viel zu vernarbt, nicht ebenmäßig genug aussehen und überhaupt viel zu dick sind. Oder wo ist die Lücke zwischen deinen Oberschenkeln? Die Wahrnehmung deines Körpers wird immer mehr auf Äußerlichkeiten gerichtet. Während dein Körper früher noch dein Körper war, ist er mittlerweile eine einzige Baustelle, die es zu optimieren gilt. Weil du ja weißt, wenn dein Körper erstmal so ist, wie er sein soll, dann lösen sich deine Sorgen in Luft auf, dann bist du endlich genauso glücklich wie die Models auf den Werbetafeln.

Und mal ganz ehrlich: Seinen Körper zu optimieren ist doch viel leichter, als sich mit seinen wahren Problemen auseinanderzusetzen. Je größer die eigenen Probleme werden, desto schwieriger sind sie zu lösen. Wie willst du auch den Tod eines geliebten Menschen rückgängig machen? Wie willst du deinen Partner dazu bringen, dich wieder zu lieben? Wie willst du an einen Job kommen, wenn du immer nur Absagen bekommst? Wenigstens deinen Körper kannst du verändern. Ihn kannst du kontrollieren und zurechtbiegen, so wie du es willst.

Die überretuschierten Werbemodels sind also vielleicht nicht die Ursache, warum jemand ein gestörtes Verhältnis zu seinem Körper entwickelt. Oft sind sie aber die Auslöser, der letzte Tropfen, der das Fass zum Überlaufen bringt. Weil sie dir zu verstehen geben, dass sie die Antwort auf all deine Schwierigkeiten sind, die du allein nicht bewältigen kannst. Sie bieten dir Schönheit, Schlankheit und Aufmerksamkeit als Lösung deiner Probleme an. Sie versprechen dir, wenn du nur genau das machst, was sie dir vorschlagen, dann bist du endlich frei, beliebt und glücklich. Sie versprechen dir etwas, was sie nicht halten können.

Und dank Heidi Klum und *Germany's Next Topmodel* sind Models nicht mehr länger bloße Randerscheinungen, die man mal ab und an auf Fotos sieht, sondern haben das Zentrum unserer Gesellschaft erreicht. Für viele junge Frauen sind Models mittlerweile die ganz großen Vorbilder. Einmal so aussehen wie ein Model ist der ganz große Traum. Heidi macht diesen

Traum möglich. Sie liefert das Erfolgsrezept: ‚Du musst nur streng genug Diät halten, nur häufig genug trainieren, dann kannst du auch den Körper eines Models haben. Es liegt in deiner Hand! Du ganz allein bist dafür verantwortlich, ob du aussiehst wie ein Model oder nicht.'

Ich verrate dir ein Geheimnis: Heidi Klum lügt. Fast kein Mensch kann so aussehen wie ein Model. Eine Studie von Nicole Hawkins aus dem Jahr 2004 hat festgestellt, dass nur jede 40.000. Frau auf diesem Planeten den Körper eines Models hat. Das heißt 99,998% aller Frauen werden nie in ihrem ganzen Leben so aussehen können wie ein Model. Und trotzdem versuchen die Medien uns weißzumachen, wir müssten genauso aussehen. Wenn wir den Medien also Gehör schenken, können wir nur verlieren; vielleicht sogar unsere Gesundheit, weil wir nicht mehr aufhören können, Diät zu halten, obwohl wir schon nicht mehr nur schlank sondern bereits mager sind.

Ist es das wirklich wert? Nichts auf dieser Erde ist es wert, dafür seine Gesundheit oder die Beziehung zu seinem eigenen Körper aufs Spiel zu setzen, vor allem nicht irgendwelche gesellschaftlichen Schönheits- oder Schlankheitsideale. Du bist einzigartig, du bist mehr wert als dein Aussehen und du bist es wert, ein glückliches, erfülltes und gesundes Leben zu führen. Aber dieses Leben findest du weder auf Instagram, noch in Zeitschriften oder im Fernsehen. Dieses Leben findest du in dir selbst, in deinem Herzen und deiner Seele.

Aus diesem Grund möchte ich diesen Monat mit dir den Blick von den Medien abwenden und ihn nach innen richten, weg von dem, was dir schadet, und hin zu dem, was dir wirklich guttut. Denn du brauchst genauso wenig Photoshop wie dein Leben. Du brauchst Wahrhaftigkeit und Persönlichkeit. Du brauchst dich, so wie du bist.

Freiraum

Kraftquellen und Energiefresser

Es gibt Dinge in unserem Leben, die machen das Leben bunter, schöner, einfach lebenswert. Dann gibt es wiederum die Dinge, die uns im Handumdrehen unsere komplette Energie aussaugen. Eigentlich sollte man meinen, dass wir vor allem das tun, was uns Kraft gibt, und Sachen, die uns schaden, aus unserem Alltag verbannen. Als erwachsener Mensch ist das in unserer Gesellschaft jedoch leichter gesagt als getan. Zu viel hängt an den Verpflichtungen, die man täglich an uns heranträgt, als dass wir einfach unseren eigenen Bedürfnissen folgen könnten.

Trotzdem, wir haben einen größeren Einfluss auf unseren Alltag, als man im ersten Moment vielleicht glauben mag. Diesen Monat wollen wir uns in erster Linie dem widmen, was uns bereichert und uns von dem trennen, was uns negativ beeinflusst.

Fangen wir also erst einmal mit einem Fragebogen an. Mehr als 10 - 15 Minuten dürftest du dafür wohl nicht brauchen. Versuche dir die entsprechende Atmosphäre zu schaffen, damit du dich bestmöglich darauf einlassen kannst – gemütlich, ruhig und am besten ohne Störungen.

1a. Das tut meinem Körper gut (Gedanken, Aktivitäten):

_____

_____

_____

_____

1b. Das tut meinem Herzen gut (Gedanken, Aktivitäten, Umgebungen):

_____

_____

_____

_____

1c. Das bereichert mein Leben (Gedanken, Aktivitäten, Umgebungen):

_____

_____

_____

_____

2a. Das schadet meinem Körper (Gedanken, Aktivitäten):

_____

_____

_____

_____

2b. Das schadet meinem Herzen (Gedanken, Aktivitäten, Umgebungen):

_____

_____

_____

_____

2c. Das macht mein Leben schwer (Gedanken, Aktivitäten, Umgebungen):

Wenn du damit fertig bist, nimm dir zwei unterschiedliche Farbstifte. Mit dem einen umkreist du pro Frage 1 - 2 Dinge, die dir die allermeiste Kraft geben. Mit dem zweiten umkreist du pro Frage die 1 - 2 größten Energiefresser. Jetzt überlege dir, was du tun könntest,

1. um die Gedanken, Aktivitäten und Umgebungen zu verstärken, die dich bereichern.
2. um die Gedanken, Aktivitäten und Umgebungen zu minimieren, die dir schaden.

Formuliere damit deine Ziele für diesen Monat. Wichtig ist dabei, dass du deine Ziele positiv formulierst und dich auf die Lösungen konzentrierst statt auf die Probleme. So motiviert du dabei bist, überfordere dich selbst bitte nicht. Setze deine Ziele nicht zu hoch. Setzte sie lieber tiefer an. Wenn du dann im Laufe des Monats merken solltest, dass dir die Einhaltung deiner Vorsätze keinerlei Schwierigkeiten bereitet, kannst du dein Ziel immer noch ein bisschen nach oben erhöhen. Es ist ein viel schöneres Gefühl, seine Vorsätze zu erreichen und zu erweitern, als zu scheitern und sie runterschrauben zu müssen. Ziele allein sind aber nur die halbe Miete. Überlege dir auch, wie du deine Ziele erreichen möchtest.

z.B.:

1a. *Obst und Gemüse: Ich möchte versuchen, mindestens einmal am Tag frisch zu kochen. Dazu überlege ich mir schon am Tag davor, was ich gerne kochen möchte, um sicherzustellen, dass ich alle Zutaten im Haus habe.*

1b. *Meditieren: Ich möchte jeden Tag versuchen, fünf Minuten zu meditieren. Damit ich das hinkriege, nehme ich mir direkt nach dem Aufstehen Zeit dazu.*

1c. *Gitarre spielen: Ich möchte versuchen, drei- bis viermal pro Woche zehn Minuten Gitarre zu spielen. Ich nehme mir dazu jeden Montag, Mittwoch und Freitag nach der Arbeit Zeit.*

2a. *Zu viel Limo: Jedes Mal, wenn ich Lust auf Limo habe, versuche ich, ein stark verdünntes Saftschorle zu trinken.*

2b. *Selbstzweifel: Ich möchte aktiv daran arbeiten, ein besseres Selbstwertgefühl zu bekommen, indem ich jeden Abend drei Dinge aufschreibe, die ich an mir mag und mir selbst dafür danke.*

2c. *Zu häufig abends vor dem Fernseher: Ich möchte mir mindestens zweimal pro Woche abends Zeit zum Lesen nehmen. Dienstag und Donnerstag sind ab jetzt meine Leseabende.*

Wie sieht es bei dir aus?

1a.

1b.

1c.

2a.

2b.

2c.

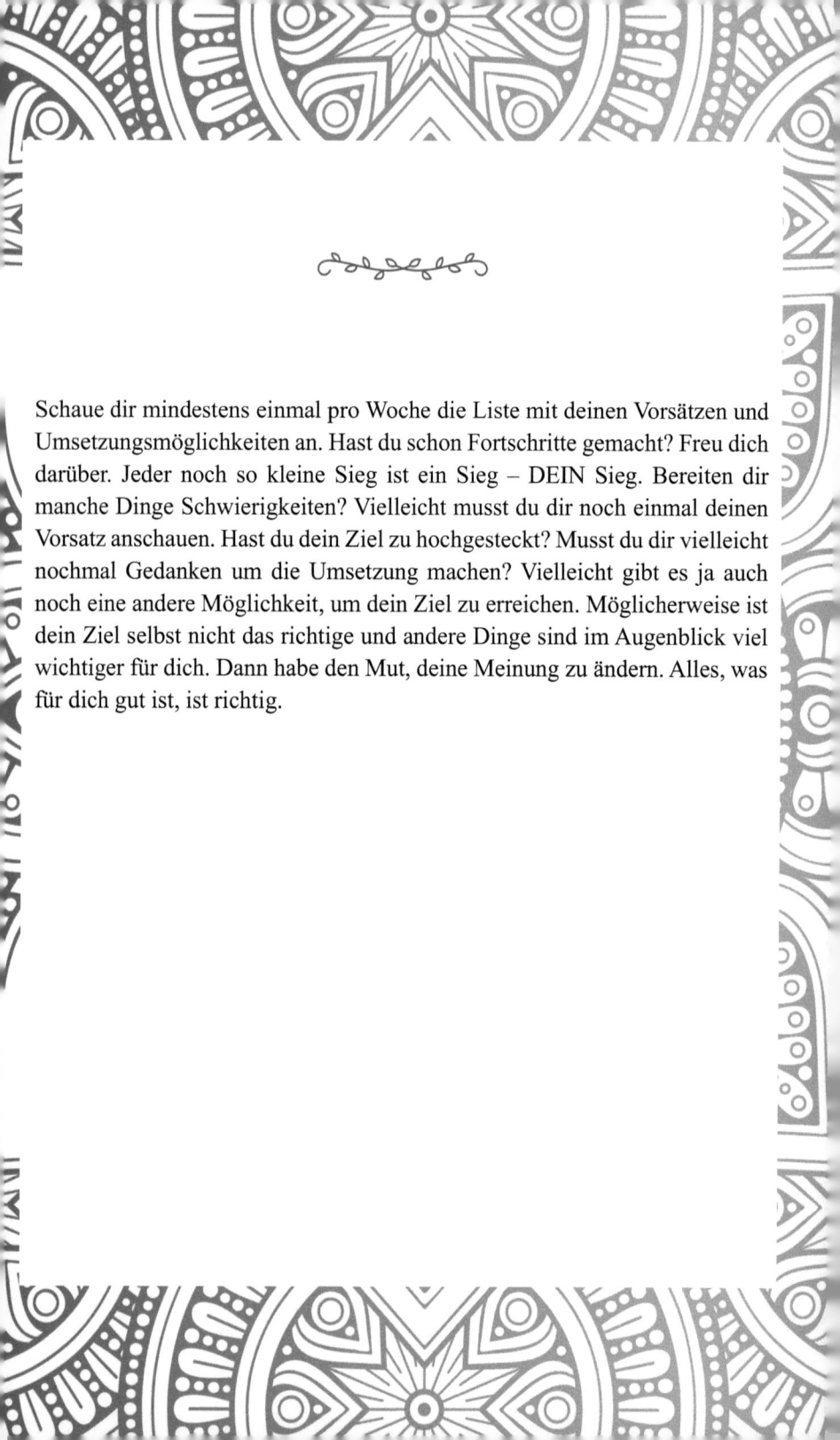

Schaue dir mindestens einmal pro Woche die Liste mit deinen Vorsätzen und Umsetzungsmöglichkeiten an. Hast du schon Fortschritte gemacht? Freu dich darüber. Jeder noch so kleine Sieg ist ein Sieg – DEIN Sieg. Bereiten dir manche Dinge Schwierigkeiten? Vielleicht musst du dir noch einmal deinen Vorsatz anschauen. Hast du dein Ziel zu hochgesteckt? Musst du dir vielleicht nochmal Gedanken um die Umsetzung machen? Vielleicht gibt es ja auch noch eine andere Möglichkeit, um dein Ziel zu erreichen. Möglicherweise ist dein Ziel selbst nicht das richtige und andere Dinge sind im Augenblick viel wichtiger für dich. Dann habe den Mut, deine Meinung zu ändern. Alles, was für dich gut ist, ist richtig.

mohat   kw

montag

. . . .

dienstag

. . . .

mittwoch

. . . .

donnerstag

. . . .

freitag

. . . .

samstag

. . . .

sonntag

Sei bereit, dich von dem Leben zu lösen, das du geplant hast, damit du das Leben findest, das auf dich wartet.

Medienprotokoll

Die Medien haben heutzutage einen großen Einfluss auf unser Leben. Je mehr Zeit und Aufmerksamkeit wir ihnen in unserem Alltag widmen, desto mehr Möglichkeiten haben sie, uns zu beeinflussen. Diese Beeinflussung kann sowohl positive als auch negative Konsequenzen für uns haben. So wie du diesen Monat ausloten sollst, welche Dinge dir guttun und welche dir schaden, sollst du diese Woche herausfinden, welche Art der Mediennutzung gut für dich ist und welche eben nicht – sowohl was die Medienform als auch die Nutzungsdauer und -weise betrifft. Das Alles mit dem Ziel, dass du eine Möglichkeit für dich findest, den bestmöglichen Umgang mit den positiven wie negativen Aspekten der medialen Beeinflussung zu finden.

Es mag sein, dass sich das jetzt erstmal sehr abstrakt anhört. Schauen wir uns Schritt für Schritt an, um was es eigentlich geht. Zunächst beginnen wir mit einem Medienprotokoll, das dir die Möglichkeit gibt, dein Medienverhalten während der Woche genauer zu betrachten. Auf den nächsten Seiten findest du für jeden Tag der Woche ein vorgefertigtes Protokoll, an dem du dich dazu orientieren kannst. Es soll dir helfen, ein Bewusstsein dafür zu entwickeln, welchen Einfluss die Medien auf dein persönliches Empfinden nehmen.

1. Welche Medien hast du heute genutzt und wie lang etwa?

Unterstreiche die drei Medien, die deinen Tag am meisten beeinflusst haben.

Smartphone (zur Kommunikation) Internet Social Media

Apps / Computerspiele Radio / Online-Streaming-Dienst

Fernsehgerät / Filme / Kino Buch / E-Reader Zeitung / Zeitschrift

Sonstige: _____

2. In welchen Situationen hast du deine 3 Hauptmedien heute genutzt?

Markiere die zutreffenden Aussagen

1.	beruflich – aus Neugier – Zeitvertreib – Unterhaltung – Entspannung – sonstiges: _____
2.	beruflich – aus Neugier – Zeitvertreib – Unterhaltung – Entspannung – sonstiges: _____
3.	beruflich – aus Neugier – Zeitvertreib – Unterhaltung – Entspannung – sonstiges: _____

3. Hast du deine Hauptmedien bewusst genutzt oder hast du nebenher andere Dinge getan?

Markiere die zutreffenden Aussagen

1.	bewusst oder nebenbei
2.	bewusst oder nebenbei
3.	bewusst oder nebenbei

4. Wie hast du dich während und direkt nach der Nutzung gefühlt?

1. (sehr) gut vs. (sehr) schlecht – entspannt vs. gestresst –
   zufrieden vs. unzufrieden – energiegeladen vs. müde/matt –
   sonstiges: _____

2. (sehr) gut vs. (sehr) schlecht – entspannt vs. gestresst –
   zufrieden vs. unzufrieden – energiegeladen vs. müde/matt –
   sonstiges: _____

3. (sehr) gut vs. (sehr) schlecht – entspannt vs. gestresst –
   zufrieden vs. unzufrieden – energiegeladen vs. müde/matt –
   sonstiges: _____

5. Hatte die Mediennutzung einen Einfluss auf dein Verhalten?

Hast du z.B. Reue empfunden? Hast du mehr gegessen als sonst? Oder
hast du dich motiviert oder inspiriert gefühlt, voller Tatendrang?

1.

2.

3.

6. Wie würdest du die Wirkung der Medien auf dich insgesamt eher bewerten?

1. positiv oder negativ

2. positiv oder negativ

3. positiv oder negativ

Tag 2

1. Welche Medien hast du heute genutzt und wie lang etwa?

Unterstreiche die drei Medien, die deinen Tag am meisten beeinflusst haben.

Smartphone (zur Kommunikation)   Internet   Social Media

Apps / Computerspiele   Radio / Online-Streaming-Dienst

Fernsehgerät / Filme / Kino   Buch / E-Reader   Zeitung / Zeitschrift

Sonstige: _____

2. In welchen Situationen hast du deine 3 Hauptmedien heute genutzt?

Markiere die zutreffenden Aussagen

1.   beruflich – aus Neugier – Zeitvertreib – Unterhaltung – Entspannung – sonstiges: _____

2.   beruflich – aus Neugier – Zeitvertreib – Unterhaltung – Entspannung – sonstiges: _____

3.   beruflich – aus Neugier – Zeitvertreib – Unterhaltung – Entspannung – sonstiges: _____

3. Hast du deine Hauptmedien bewusst genutzt oder hast du nebenher andere Dinge getan?

Markiere die zutreffenden Aussagen

1.   bewusst oder nebenbei

2.   bewusst oder nebenbei

3.   bewusst oder nebenbei

4. Wie hast du dich während und direkt nach der Nutzung gefühlt?

Markiere die zutreffenden Aussagen

1.   (sehr) gut vs. (sehr) schlecht – entspannt vs. gestresst – zufrieden vs. unzufrieden – energiegeladen vs. müde/matt – sonstiges: _____

2.   (sehr) gut vs. (sehr) schlecht – entspannt vs. gestresst – zufrieden vs. unzufrieden – energiegeladen vs. müde/matt – sonstiges: _____

3.   (sehr) gut vs. (sehr) schlecht – entspannt vs. gestresst – zufrieden vs. unzufrieden – energiegeladen vs. müde/matt – sonstiges: _____

5. Hatte die Mediennutzung einen Einfluss auf dein Verhalten?

Hast du z.B. Reue empfunden? Hast du mehr gegessen als sonst? Oder hast du dich motiviert oder inspiriert gefühlt, voller Tatendrang?

1.

2.

3.

6. Wie würdest du die Wirkung der Medien auf dich insgesamt eher bewerten?

Markiere die zutreffenden Aussagen

1.   positiv oder negativ

2.   positiv oder negativ

3.   positiv oder negativ

1. Welche Medien hast du heute genutzt und wie lang etwa?

Unterstreiche die drei Medien, die deinen Tag am meisten beeinflusst haben.

Smartphone (zur Kommunikation)   Internet   Social Media

    Apps / Computerspiele   Radio / Online-Streaming-Dienst

Fernsehgerät / Filme / Kino   Buch / E-Reader   Zeitung / Zeitschrift

Sonstige: _____

2. In welchen Situationen hast du deine 3 Hauptmedien heute genutzt?

Markiere die zutreffenden Aussagen

1.	beruflich – aus Neugier – Zeitvertreib – Unterhaltung – Entspannung – sonstiges: _____
2.	beruflich – aus Neugier – Zeitvertreib – Unterhaltung – Entspannung – sonstiges: _____
3.	beruflich – aus Neugier – Zeitvertreib – Unterhaltung – Entspannung – sonstiges: _____

3. Hast du deine Hauptmedien bewusst genutzt oder hast du nebenher andere Dinge getan?

Markiere die zutreffenden Aussagen

1.	bewusst oder nebenbei
2.	bewusst oder nebenbei
3.	bewusst oder nebenbei

4. Wie hast du dich während und direkt nach der Nutzung gefühlt?

Markiere die zutreffenden Aussagen

1.   (sehr) gut vs. (sehr) schlecht – entspannt vs. gestresst – zufrieden vs. unzufrieden – energiegeladen vs. müde/matt – sonstiges: _____

2.   (sehr) gut vs. (sehr) schlecht – entspannt vs. gestresst – zufrieden vs. unzufrieden – energiegeladen vs. müde/matt – sonstiges: _____

3.   (sehr) gut vs. (sehr) schlecht – entspannt vs. gestresst – zufrieden vs. unzufrieden – energiegeladen vs. müde/matt – sonstiges: _____

5. Hatte die Mediennutzung einen Einfluss auf dein Verhalten?

Hast du z.B. Reue empfunden? Hast du mehr gegessen als sonst? Oder hast du dich motiviert oder inspiriert gefühlt, voller Tatendrang?

1.

2.

3.

6. Wie würdest du die Wirkung der Medien auf dich insgesamt eher bewerten?

Markiere die zutreffenden Aussagen

1.   positiv oder negativ

2.   positiv oder negativ

3.   positiv oder negativ

1. Welche Medien hast du heute genutzt und wie lang etwa?

Unterstreiche die drei Medien, die deinen Tag am meisten beeinflusst haben.

Smartphone (zur Kommunikation)   Internet   Social Media

Apps / Computerspiele   Radio / Online-Streaming-Dienst

Fernsehgerät / Filme / Kino   Buch / E-Reader   Zeitung / Zeitschrift

Sonstige: _____

2. In welchen Situationen hast du deine 3 Hauptmedien heute genutzt?

Markiere die zutreffenden Aussagen

1.   beruflich – aus Neugier – Zeitvertreib – Unterhaltung –
      Entspannung – sonstiges: _____

2.   beruflich – aus Neugier – Zeitvertreib – Unterhaltung –
      Entspannung – sonstiges: _____

3.   beruflich – aus Neugier – Zeitvertreib – Unterhaltung –
      Entspannung – sonstiges: _____

3. Hast du deine Hauptmedien bewusst genutzt oder hast du nebenher andere Dinge getan?

Markiere die zutreffenden Aussagen

1.   bewusst oder nebenbei

2.   bewusst oder nebenbei

3.   bewusst oder nebenbei

4. Wie hast du dich während und direkt nach der Nutzung gefühlt?

Markiere die zutreffenden Aussagen

1.   (sehr) gut vs. (sehr) schlecht – entspannt vs. gestresst –
zufrieden vs. unzufrieden – energiegeladen vs. müde/matt –
sonstiges: _____

2.   (sehr) gut vs. (sehr) schlecht – entspannt vs. gestresst –
zufrieden vs. unzufrieden – energiegeladen vs. müde/matt –
sonstiges: _____

3.   (sehr) gut vs. (sehr) schlecht – entspannt vs. gestresst –
zufrieden vs. unzufrieden – energiegeladen vs. müde/matt –
sonstiges: _____

5. Hatte die Mediennutzung einen Einfluss auf dein Verhalten?

Hast du z.B. Reue empfunden? Hast du mehr gegessen als sonst? Oder
hast du dich motiviert oder inspiriert gefühlt, voller Tatendrang?

1.

2.

3.

6. Wie würdest du die Wirkung der Medien auf dich insgesamt eher bewerten?

Markiere die zutreffenden Aussagen

1.   positiv oder negativ

2.   positiv oder negativ

3.   positiv oder negativ

Tag 5

1. Welche Medien hast du heute genutzt und wie lang etwa?

Unterstreiche die drei Medien, die deinen Tag am meisten beeinflusst haben.

Smartphone (zur Kommunikation)   Internet   Social Media

Apps / Computerspiele   Radio / Online-Streaming-Dienst

Fernsehgerät / Filme / Kino   Buch / E-Reader   Zeitung / Zeitschrift

Sonstige: _____

2. In welchen Situationen hast du deine 3 Hauptmedien heute genutzt?

Markiere die zutreffenden Aussagen

1.	beruflich – aus Neugier – Zeitvertreib – Unterhaltung – Entspannung – sonstiges: _____
2.	beruflich – aus Neugier – Zeitvertreib – Unterhaltung – Entspannung – sonstiges: _____
3.	beruflich – aus Neugier – Zeitvertreib – Unterhaltung – Entspannung – sonstiges: _____

3. Hast du deine Hauptmedien bewusst genutzt oder hast du nebenher andere Dinge getan?

Markiere die zutreffenden Aussagen

1.	bewusst oder nebenbei
2.	bewusst oder nebenbei
3.	bewusst oder nebenbei

4. Wie hast du dich während und direkt nach der Nutzung gefühlt?

Markiere die zutreffenden Aussagen

1. (sehr) gut vs. (sehr) schlecht – entspannt vs. gestresst – zufrieden vs. unzufrieden – energiegeladen vs. müde/matt – sonstiges: _____

2. (sehr) gut vs. (sehr) schlecht – entspannt vs. gestresst – zufrieden vs. unzufrieden – energiegeladen vs. müde/matt – sonstiges: _____

3. (sehr) gut vs. (sehr) schlecht – entspannt vs. gestresst – zufrieden vs. unzufrieden – energiegeladen vs. müde/matt – sonstiges: _____

5. Hatte die Mediennutzung einen Einfluss auf dein Verhalten?

Hast du z.B. Reue empfunden? Hast du mehr gegessen als sonst? Oder hast du dich motiviert oder inspiriert gefühlt, voller Tatendrang?

1.

2.

3.

6. Wie würdest du die Wirkung der Medien auf dich insgesamt eher bewerten?

Markiere die zutreffenden Aussagen

1. positiv oder negativ

2. positiv oder negativ

3. positiv oder negativ

1. Welche Medien hast du heute genutzt und wie lang etwa?

Unterstreiche die drei Medien, die deinen Tag am meisten beeinflusst haben.

Smartphone (zur Kommunikation)   Internet   Social Media

      Apps / Computerspiele   Radio / Online-Streaming-Dienst

Fernsehgerät / Filme / Kino   Buch / E-Reader   Zeitung / Zeitschrift

Sonstige: _____

2. In welchen Situationen hast du deine 3 Hauptmedien heute genutzt?

Markiere die zutreffenden Aussagen

1.	beruflich – aus Neugier – Zeitvertreib – Unterhaltung – Entspannung – sonstiges: _____
2.	beruflich – aus Neugier – Zeitvertreib – Unterhaltung – Entspannung – sonstiges: _____
3.	beruflich – aus Neugier – Zeitvertreib – Unterhaltung – Entspannung – sonstiges: _____

3. Hast du deine Hauptmedien bewusst genutzt oder hast du nebenher andere Dinge getan?

Markiere die zutreffenden Aussagen

1.	bewusst oder nebenbei
2.	bewusst oder nebenbei
3.	bewusst oder nebenbei

4. Wie hast du dich während und direkt nach der Nutzung gefühlt?

Markiere die zutreffenden Aussagen

1.   (sehr) gut vs. (sehr) schlecht – entspannt vs. gestresst – zufrieden vs. unzufrieden – energiegeladen vs. müde/matt – sonstiges: _____

2.   (sehr) gut vs. (sehr) schlecht – entspannt vs. gestresst – zufrieden vs. unzufrieden – energiegeladen vs. müde/matt – sonstiges: _____

3.   (sehr) gut vs. (sehr) schlecht – entspannt vs. gestresst – zufrieden vs. unzufrieden – energiegeladen vs. müde/matt – sonstiges: _____

5. Hatte die Mediennutzung einen Einfluss auf dein Verhalten?

Hast du z.B. Reue empfunden? Hast du mehr gegessen als sonst? Oder hast du dich motiviert oder inspiriert gefühlt, voller Tatendrang?

1.

2.

3.

6. Wie würdest du die Wirkung der Medien auf dich insgesamt eher bewerten?

Markiere die zutreffenden Aussagen

1.   positiv oder negativ

2.   positiv oder negativ

3.   positiv oder negativ

1. Welche Medien hast du heute genutzt und wie lang etwa?

Unterstreiche die drei Medien, die deinen Tag am meisten beeinflusst haben.

Smartphone (zur Kommunikation)   Internet   Social Media

    Apps / Computerspiele   Radio / Online-Streaming-Dienst

Fernsehgerät / Filme / Kino   Buch / E-Reader   Zeitung / Zeitschrift

Sonstige: _____

2. In welchen Situationen hast du deine 3 Hauptmedien heute genutzt?

Markiere die zutreffenden Aussagen

1.	beruflich – aus Neugier – Zeitvertreib – Unterhaltung – Entspannung – sonstiges: _____
2.	beruflich – aus Neugier – Zeitvertreib – Unterhaltung – Entspannung – sonstiges: _____
3.	beruflich – aus Neugier – Zeitvertreib – Unterhaltung – Entspannung – sonstiges: _____

3. Hast du deine Hauptmedien bewusst genutzt oder hast du nebenher andere Dinge getan?

Markiere die zutreffenden Aussagen

1.	bewusst oder nebenbei
2.	bewusst oder nebenbei
3.	bewusst oder nebenbei

4. Wie hast du dich während und direkt nach der Nutzung gefühlt?

Markiere die zutreffenden Aussagen

1.   (sehr) gut vs. (sehr) schlecht – entspannt vs. gestresst – zufrieden vs. unzufrieden – energiegeladen vs. müde/matt – sonstiges: _____

2.   (sehr) gut vs. (sehr) schlecht – entspannt vs. gestresst – zufrieden vs. unzufrieden – energiegeladen vs. müde/matt – sonstiges: _____

3.   (sehr) gut vs. (sehr) schlecht – entspannt vs. gestresst – zufrieden vs. unzufrieden – energiegeladen vs. müde/matt – sonstiges: _____

5. Hatte die Mediennutzung einen Einfluss auf dein Verhalten?

Hast du z.B. Reue empfunden? Hast du mehr gegessen als sonst? Oder hast du dich motiviert oder inspiriert gefühlt, voller Tatendrang?

1.

2.

3.

6. Wie würdest du die Wirkung der Medien auf dich insgesamt eher bewerten?

Markiere die zutreffenden Aussagen

1.   positiv oder negativ

2.   positiv oder negativ

3.   positiv oder negativ

Nachdem du eine Woche dein Medienverhalten beobachtet hast, dürftest du ein besseres Empfinden dafür bekommen haben, welchen Einfluss die jeweiligen Medien auf dich nehmen. Nun kannst du im Sinne der Monatsaufgabe für dich überlegen, welche Medien gut für dich sind und gern einen größeren Raum in deinem Leben einnehmen dürfen oder dir eher schaden und deswegen lieber mit Vorsicht zu genießen sind.

Schreibe die Medien, die zu deinem positiven Empfinden beitragen in die Monatsliste der Dinge, die dir guttun. Die Medien, die dir schaden, ergänzt du auf der Negativliste. Wenn du merkst, dass dir bestimmte Medien besonders guttun oder schaden, überlege dir, ob sie es vielleicht sogar verdient haben, ein Teil deiner Monatsaufgabe zu werden.

Vielleicht hast du bemerkt, dass es deinem Selbstwertgefühl zusetzt, wenn du viel Zeit auf Instagram verbringst, weil du dich zu sehr mit anderen vergleichst. Dann könntest du dir überlegen, ob du statt 60 Minuten täglich nur noch 45 Minuten auf Instagram unterwegs sein möchtest. Am besten stellst du dir dann einen Wecker, um die Zeit zu überprüfen. Solltest du merken, dass sich ein positiver Effekt einstellt, kannst du in der nächsten Woche noch einmal fünf Minuten und in der übernächsten Woche weitere fünf Minuten mit der Nutzungsdauer runtergehen. So lange, bis du wahrnimmst, dass dich dein Nutzungsverhalten nicht mehr negativ beeinträchtigt.

Freiraum

monat   kw

montag

dienstag

mittwoch

donnerstag

freitag

samstag

sonntag

Wenn du Abstand hältst,
bist du den Dingen am nächsten.
Nur so erkennst du,
wie sie zueinander liegen
und was wirklich wichtig ist.
– Meng Kun-liu –

Weniger ist mehr

Ob du dich nun dazu entschieden hast, die Medien in deine Monatsaufgabe miteinzubeziehen oder nicht, diese Woche geht es noch einmal um die Medien, die dir deine Energie rauben. Ich möchte ein Experiment mit dir machen. Was glaubst du, wie würde deine Woche wohl aussehen, wenn die Medien keinen ganz so großen Raum in deinem Leben bekämen wie sonst? Wüsstest du, was du mit deiner freien Zeit anstellen könntest oder würde dir langweilig werden? Was hältst du davon, wenn wir es einfach ausprobieren, anstatt weiter zu spekulieren? Keine Angst, du musst nicht komplett auf dein Smartphone, deinen PC und deinen Fernseher verzichten. Müssen musst du sowieso gar nichts. Aber du darfst.

Zunächst darfst du die komplette Mediennutzungsdauer von

- Smartphone (zur Kommunikation)
- Internet
- Social Media
- Apps / Computerspielen und
- Fernsehgerät / Filme / Kino

zusammenrechnen, die du in der ersten Woche ermittelt hast. Da du die berufliche Nutzung von Medien wahrscheinlich eher schlecht regulieren kannst, zählt diese Woche ausschließlich dein Freizeitgebrauch. Auf wieviel Zeit kommst du insgesamt? _____

Wenn du auf mehr als fünf Stunden pro Woche kommst, dann lautet deine Aufgabe:
Nutze alle aufgeführten Medien diese Woche insgesamt max. 120 Minuten!

Wenn du auf weniger als fünf Stunden pro Woche kommst, dann lautet deine Aufgabe:
Nutze alle aufgeführten Medien diese Woche insgesamt max. 60 Minuten!

Hierbei geht es wie gesagt nur um den Freizeitgebrauch der Medien. Wenn du allerdings während deiner Arbeitszeit die Medien zwischendurch mal privat nutzt, gehört das wiederum in deine Gesamtbilanz.

Um dein Zeitlimit auch wirklich einhalten zu können, überlege dir schon im Voraus, wie du dir die Zeit aufteilen möchtest. Möchtest du jeden Tag ein bisschen Zeit haben oder möchtest du lieber an einem Tag besonders viel Zeit haben, um einen Film zu sehen. Bedenke, dass die meisten Filme über 90 Minuten gehen. Falls du ins Kino gehen solltest, zählt nur die reine Filmspielzeit. (Die Werbung davor will ja eigentlich kein Mensch sehen.)

Überprüfe die Zeit während deiner Mediennutzung und notiere sie hier.

So hast du einen guten Überblick, wie viel Puffer noch übrig ist, bis du dein Limit erreicht hast. Du machst diese Übung für dich und für sonst niemanden. Also sei bitte ehrlich zu dir. Versuche dich darauf einzulassen. Sei aber bitte auch nicht zu streng mit dir, falls du das Limit doch nicht einhalten kannst.

Wie ist es dir während deiner medienreduzierten Woche ergangen? War es sehr schwer für dich, dein Limit einzuhalten, oder hast du es ohne weitere Probleme geschafft? War es für dich kaum aushaltbar oder hast du dich vielleicht sogar befreit gefühlt? Egal, wie es gelaufen ist, sei in jedem Fall stolz auf dich. Du hast etwas Neues ausprobiert, dich auf eine Sache eingelassen. Das ist das Einzige, was zählt.

monat   kw

montag

. . . .

dienstag

. . . .

mittwoch

. . . .

donnerstag

. . . .

freitag

. . . .

samstag

. . . .

sonntag

Alles, was wir brauchen,
ist Glaube, Vertrauen und Feenstaub.
- Peter Pan -

Weibliche Vorbilder

Nimm dir bitte einen kurzen Augenblick und schreibe zehn prominente Damen auf, die dir spontan einfallen.

1. ....

2. ....

3. ....

4. ....

5. ....

6. ....

7. ....

8. ....

9. ....

10. ....

Jetzt geh deine Liste durch und schreibe hinter die Namen, wofür diese Frauen bekannt sind bzw. welchen Beruf sie haben.

Und? Welche Berufe üben sie aus? Sind es vor allem Schauspielerinnen, Sängerinnen und Models? Oder sind es vor allem Politikerinnen, Wissenschaftlerinnen und Autorinnen? Haben die meisten Berufe, in denen es vor allem um ihr Äußeres geht, oder üben sie Tätigkeiten aus, in denen Persönlichkeit, Verstand und Herz gefragt sind? Schön, wenn dir vor allem Frauen eingefallen sind, die für ihre inneren Werte bekannt sind. Wenn dir in erster Linie Frauen eingefallen sind, die aufgrund von äußeren Werten im Interesse der Öffentlichkeit stehen, dann frage dich bitte, woran das liegt? Und nein, es liegt ganz sicher nicht an dir.

Es liegt an unserer Gesellschaft, an den Medien. Sehr viele Frauen, die in der Öffentlichkeit stehen, tun es, weil sie sehr attraktiv sind; selbstverständlich nicht ausschließlich deshalb. Um Schauspielerin oder Sängerin zu sein, braucht es Talent; gar keine Frage. Aber wären diese Schauspielerinnen oder Sängerinnen wohl gleichermaßen erfolgreich, wenn sie so gar nicht den aktuellen Schönheitsidealen entsprechen würden?

Und warum wissen mehr Menschen, wer die letzte *Germany's Next Topmodel*-Siegerin ist als die aktuelle Gewinnerin des Friedensnobelpreises? Wenn du mich fragst, läuft irgendetwas schief, wenn Schönheit für eine Gesellschaft so viel wichtiger ist als Verdienste um die Menschheit.

Wir orientieren uns an dem, womit wir im Alltag zu tun haben. Negative Erfahrungen führen in der Regel dazu, dass wir in Zukunft versuchen, das Verhalten, das zu der Erfahrung geführt hat, zu reduzieren. Verhalten, das zu positiven Erlebnissen führt, wird wiederum wiederholt. Dabei müssen wir gar nicht alle Erfahrungen selbst machen. Oft reicht es auch aus, wenn wir andere beobachten. So werden Menschen entweder zu negativen Vorbildern, bei denen wir wissen, dass wir auf gar keinen Fall so sein wollen, oder zu positiven Vorbildern, denen wir in irgendeiner Form zu folgen versuchen. Wenn wir in den Medien also zum größten Teil Frauen vorgesetzt bekommen, die vor allem aufgrund ihres Aussehens beliebt und erfolgreich sind, statt Frauen, die vielleicht nicht so schön sind, dafür aber wirklich etwas auf dem Kasten haben, dann wird uns vorgelebt, dass es für Erfolg und Anerkennung vor allem Schönheit braucht.

Und wie wir alle wissen, sind Oberflächlichkeiten nicht wirklich gut für unser Seelenleben und unser Herz. Aber genau die gilt es ja zu stärken. Aus diesem Grund sollst du dir diese Woche mindestens drei weibliche Vorbilder aussuchen, die sich als Vorbild eignen. Nicht, weil sie besonders schön und schlank sind, sondern weil sie dich inspirieren. Weil sie klug sind oder dich mit ihrem Charakter beeindrucken. Weil sie etwas geleistet haben, dass unserer Erde hilft, oder weil sie Menschen glücklich machen. Weil sie sich über Widerstände hinweggesetzt und Schicksalsschläge überwunden haben.

Notiere in der Liste sowohl deine Vorbilder, als auch den Grund, weshalb sie dich so sehr beeindrucken. Befrage ruhig mal das Internet, welche Frauen unsere Geschichte beeinflusst haben bzw. auch jetzt noch durch ihre Arbeit ihre Spuren in unserer Gesellschaft hinterlassen. Ich wünsche dir ganz viel Spaß auf deiner Suche nach Inspiration.

Weibliche Vorbilder

1. _____

_____

2. _____

_____

3. _____

_____

_____

_____

_____

Behalte dir diese Vorbilder immer im Herzen. Wenn es dir mal nicht so gut gehen sollte oder du an dem zweifelst, was du tust, denke an diese Frauen und ihre Verdienste. Sie werden dich bestärken, dir den Mut geben weiterzumachen und dir selbst treu zu bleiben.

monat   kw

montag

. . . .

dienstag

. . . .

mittwoch

. . . .

donnerstag

. . . .

freitag

. . . .

samstag

. . . .

sonntag

Es ist besser,
sein eigenes Schicksal unvollkommen zu leben,
als das Leben eines anderen perfekt zu imitieren.
- Elizabeth Gilbert -

ICH-Zeit

Diese Woche ist es an der Zeit, dich mal so richtig um dich selbst zu kümmern. Du tust so viel für andere. Du engagierst dich in der Arbeit, du bist eine wunderbare Freundin, eine gute Tochter oder Mutter. Du bist immer für alle da. Jetzt ist es an der Zeit, dass du auch mal für dich da bist. Deine Aufgabe diese Woche lautet: **Nimm dir jeden Tag der Woche mindestens 30 Minuten Zeit für dich.**

Mehr ist selbstverständlich jederzeit erlaubt und erwünscht. Das ist deine Zeit ganz für dich allein. Damit darfst du tun, was immer du willst. Du hast schon lange keine Zeit mehr gehabt, in der Badewanne zu liegen? Dann tue es jetzt! Du möchtest Zeit haben, um mal wieder durch deine Lieblingszeitschrift zu blättern? Dann nimm sie dir! Zum Malen kommst du auch viel zu selten? Hier ist deine Chance dazu!

Überlege dir an dieser Stelle schon im Vorfeld, wann du dir die Zeit am besten nehmen kannst und was du mit der Zeit anfangen möchtest, damit auch ja nichts zwischen dich und deine ICH-Zeit kommen kann. Die einzige Regel für deine ICH-Zeit lautet: Es darf nichts mit Verpflichtungen zu tun haben. Die Zeit ist nicht dazu gedacht, dass du etwas erledigst, was du schon lange aufschiebst. Die Zeit ist dazu gedacht, dass du dir selbst etwas Gutes tust, dass du zur Ruhe kommst, dich entspannst und dich um dein eigenes Wohlbefinden kümmerst.

Ausreden sind nicht erlaubt! Falls du wirklich glauben solltest, dass du nicht in der Lage bist, dir eine Woche lang 30 Minuten am Tag für dich Zeit zu nehmen, dann stimmt irgendetwas ganz und gar nicht. Es tut mir leid, wenn ich das so sage, aber ganz gleich wie dein Leben aussieht, selbst wenn du alleinerziehende Mutter sein solltest, deine 30 Minuten ICH-Zeit stehen dir zu. Sie bedürfen vielleicht ein bisschen mehr Planung, aber sie stehen dir zu. Selbst wenn es eine Woche womöglich nur Tiefkühlgemüse zu essen geben sollte, deine Kinder ein bisschen mehr mitanpacken müssen oder die Wäsche vielleicht ausnahmsweise liegen bleibt, bestehe vor dir selbst auf deiner ICH-Zeit. Und wenn es wirklich gar nicht anders gehen sollte und 30 Minuten am

Stück in deiner momentanen Lebenssituation wirklich nicht möglich sind, dann versuche es doch zumindest mit dreimal zehn Minuten über den Tag verteilt.

Du bist der allerwichtigste Mensch in deinem Leben. Wenn du dich selbst kaputt arbeitest, hat niemand etwas davon – weder dein Chef noch deine Familie. Gönn dir deine ICH-Zeit. Du hast es dir mehr als verdient!

Montag: _____

_____

Dienstag: _____

_____

Mittwoch: _____

_____

Donnerstag: _____

_____

Freitag: _____

_____

Samstag: _____

_____

Sonntag: _____

_____

Ich hoffe, du hattest eine wunderbare Woche, mit ganz viel Zeit für dich oder doch zumindest mit mehr Zeit für dich. Ich wünsche mir für dich, dass du es dir selbst wert bist, auf dich zu achten und für deine Bedürfnisse einzustehen. Du bist der einzige Mensch, der weiß, was er braucht. Die Mainstream-Medien mit all ihren überperfekten, scheinbar immer glücklichen Menschen können es dir nicht sagen. Sie wissen vielleicht, wie man sich bestmöglich selbst in Szene setzten kann, auf Fotos schlanker und schöner wirkt, aber sie haben keine Ahnung davon, wie es in dir aussieht, was du brauchst, um glücklich zu sein. Trau dich, dir den Abstand von der Außenwelt zu nehmen, den du brauchst, um besser hören zu können, was deinem Lieblingskörper guttut und gib ihm, was immer er braucht. Er hat es sich verdient. Denn er lebt nur für eine einzige Person – für dich!

03 Persönliches Umfeld

Frei von den Meinungen anderer

So wie die Gesellschaft und die Medien uns mit ihren Vorstellungen, Werten und Normen beeinflussen, trägt unser persönliches Umfeld maßgeblich zu unserer Einstellung uns selbst gegenüber bei. Unsere Familie, die Freunde, mit denen wir uns umgeben, die Menschen, mit denen wir jeden Tag zu tun haben – all diese Menschen mit ihren ganz persönlichen Erfahrungen und Ansichten haben einen Einfluss auf uns, wie es weder die Gesellschaft noch die Medien haben können. Je wichtiger uns ein Mensch ist, je näher er uns steht, desto größeren Stellenwert haben seine Meinung und sein Urteil für uns. Je unsicherer wir selbst sind, desto mehr Raum geben wir den Aussagen anderer.

Gerade als Kind, wenn wir selbst noch gar keine richtige Ahnung davon haben, wer wir eigentlich sind und was uns wirklich wichtig ist, übernehmen wir mit beinahe blindem Vertrauen die Ansichten unserer Eltern und Großeltern oder unserer älteren Geschwister. Wir haben ja auch gar keine andere Wahl. Als Kinder sind wir noch gar nicht in der Lage, allein zu überleben, sondern brauchen den Schutz und die Zuwendung unserer Angehörigen. Die Meinungen unserer Eltern oder Großeltern in Frage zu stellen, wäre viel zu gefährlich.

Versuch dich doch für einen Moment daran zu erinnern, was deine Eltern und Großeltern dir als Kind bedeutet haben. Waren sie für dich nicht auch diese unantastbaren Supermenschen, die alles wussten, alles konnten und für jedes deiner Probleme eine Lösung parat hatten? Kannst du dich noch daran erinnern, wie beeindruckt du warst, weil sie schon ganz allein eine heiße Schokolade für dich kochen konnten? Dass sie schon ganz ohne fremde Hilfe wussten, was der Unterschied zwischen einem Pony und einem Pferd ist? Oder deine Schwierigkeiten mit den elenden Schnürsenkeln beheben konnten?

Was wäre passiert, wenn du begonnen hättest, diese Supermenschen zu hinterfragen? Hättest du dich dann noch genauso sicher bei ihnen gefühlt? Was wäre, wenn du als Kind unterschwellig Dinge wahrgenommen hättest, über die die Erwachsenen lieber nicht sprechen wollten, weil sie sich selbst zu unsicher fühlten oder weil es in ihren Augen einfach keine Themen für die Ohren von Kindern waren? Fast jede Familie hat solche Punkte, die sie lieber verdrängt, als offen darüber zu sprechen.

Blöderweise nehmen die meisten Kinder mit ihrer unverdorbenen Art, ihren offenen Augen und Ohren diese Dinge trotzdem wahr. Machen aber schon bald die Erfahrung, dass es keine besonders angenehmen Konsequenzen mit sich bringt, so etwas anzusprechen, weil die Erwachsenen peinlich berührt darauf reagieren, wütend werden oder sich für den Moment sogar zurückziehen und abwenden müssen. Dann steht das Kind da und versteht nicht, was es getan hat, um diese Zurückweisung heraufbeschworen zu haben. Es fühlt sich womöglich allein gelassen, hilflos, unter Umständen sogar verzweifelt. Wenn die Erwachsenen aus welchen Gründen auch immer im Nachhinein nicht in der Lage sind, dieses Gefühl beim Kind wieder aufzulösen und ihm die Sicherheit zurückzugeben, die es eigentlich so dringend braucht, wird das Kind beginnen, die Schuld bei sich zu suchen. Schließlich hat es aus der Situation gelernt, dass es sich durch sein eigenes Verhalten in die Gefahr begeben hat, die für ihn so wichtigen Eltern oder Großeltern zu verlieren. Und das gilt es unter allen Umständen zu vermeiden.

Vermutlich fragst du dich jetzt, warum ich so viel über die Psychologie von Kindern schreibe. Eine sehr gute Frage. Ich habe dir das alles aus zwei Gründen erzählt. Erstens weil du selbst einmal ein Kind warst, das womöglich ähnliche Erfahrungen gemacht hat. Und zweitens, weil man so viel besser verstehen kann, welchen enormen Einfluss die Eltern auf ihre Kinder nehmen können. Bitte versteh mich nicht falsch. Ich möchte hier nicht sämtliche Eltern auf diesem Planeten dafür verantwortlich machen, dass so viele Frauen mit Selbstzweifeln zu kämpfen haben. Lass es mich anders erläutern.

Versetze dich ein weiteres Mal in die Lage eines Kindes zurück. Du hast eine Mutter, die dir die Welt bedeutet. In deinen Augen ist sie die allerperfekteste, allerschönste und allerklügste Frau, die du nur jemals gesehen hast. Nun sieht sich deine Mutter leider nicht im selben Licht, in dem du sie siehst. Ganz im Gegenteil – sie hat furchtbare Selbstzweifel, weil sie es seit deiner Geburt nicht mehr geschafft hat, die Schwangerschaftskilos wieder runterzubekommen. Dehnstreifen hat sie seitdem auch noch und ihre Brüste haben auch einiges ihrer jugendlichen Spannkraft eingebüßt. Zudem wird sie jeden Tag mit Fotos und Artikeln überflutet, in denen Schauspielerinnen und Models gepriesen werden, die sich keine zwei Wochen nach der Geburt ihres Kindes schon wieder in den engsten Kleidern auf Laufstegen und roten Teppichen präsentieren. Womöglich glaubt sie die einzige Frau auf dem Planeten zu sein, die nicht die nötige Disziplin aufbringt, die Baby-Pfunde wieder loszuwerden.

Aus irgendeinem Grund scheinen die Redakteure solcher Artikel vollkommen zu vergessen, dass man aus medizinischer Perspektive betrachtet die ersten sechs bis acht Wochen nach der Geburt überhaupt kein richtiges Workout absolvieren sollte, weil der Körper nach so einem Ereignis erstmal Zeit zur Erholung braucht. Ist ja nicht so, dass man jeden Tag ein Kind auf die Welt bringt. Aber wer braucht schon Gesundheit, wenn er doch schön sein darf.

All das hinterlässt Spuren bei deiner Mutter. Immer wieder steht sie traurig vor dem Spiegel, weil sie sich so abstoßend fühlt. Bei jeder Gelegenheit lässt sie einen negativen Kommentar zu ihrem Körper fallen. Dein Vater sagt ihr, wie bezaubernd er ihre Beine in dem Kleid findet. Und alles, was deine Mutter zu erwidern weiß, ist, wie er bloß solche Krautstampfer schön finden kann. Ausgewogen gegessen hat sie auch schon lange nicht mehr. Ständig hält sie Diät. Egal ob Kohl-, Ananas- oder Hollywood-Diät – deine Mutter hat sie alle schon ausprobiert. Was macht das mit dir als Kind?

Es stürzt dich in eine Krise. Wenn schon dieser überperfekte Mensch, den deine Mutter nun eben für dich darstellt, nicht in Ordnung ist, was ist dann erst mit dir, der du in deinem Empfinden deiner Mutter bei Weitem nicht das Wasser reichen kannst?

Die logische Schlussfolgerung: Mit dir kann irgendetwas nicht stimmen. Du beginnst deinen eigenen Körper anders zu betrachten. Nicht mehr als Körper, sondern als Optimierungsfläche. Sport, um sich äußerlich zu verändern, Diäten, um aus ästhetischen Gründen schlanker zu werden, und Makeup, um Makel verschwinden zu lassen – all das wird für dich zur Normalität. Dein lebenslanger Kampf mit deinem Körper hat begonnen. Und vielleicht wirst du irgendwann selbst eine Mutter sein, die das an ihre Tochter weitergibt, was sie von ihrer Mutter gelernt hat, die es wiederum von ihrer eigenen Mutter hat, die es bei ihrer Mutter beobachtet hat… So geben wir über Generationen hinweg ein negatives Selbstbild weiter, ohne dass wir uns dessen überhaupt bewusst sind.

Auch wenn der Freundeskreis nicht unbedingt dieselbe tiefgreifende Wirkung hat, wie es die Familie haben kann, tragen Freunde und Bekannte ebenfalls einen erheblichen Teil dazu bei, wie wir mit uns selbst umgehen. Wenn du dich abends zum Essen mit deinen Freundinnen triffst und alle ihr Essen ausschließlich aufgrund von Kalorien- oder Fettangaben auswählen, sich sämtliche Gespräche nur um Workout und Konfektionsgrößen drehen, dann kannst du davon ausgehen, dass das auch an dir nicht spurlos vorbeigeht.

Das Schöne an der Sache: Im selben Maße wie dich dein persönliches Umfeld negativ beeinflussen kann, kann es dich auch stärken. Eventuell kommst du ja sogar aus einer Familie, in der Mutter und Großmutter stolz auf ihren Körper waren und nur in den besten Tönen von sich selbst gesprochen haben. Dann freut es mich für dich. Leider sind das jedoch absolute Ausnahmen. Trotzdem musst du nicht dein ganzes Leben davon bestimmen lassen. Du kannst etwas ändern an deinem Leben und dadurch sogar an dem Leben deiner Mutter und Großmutter. Indem du dich auf dieses Buch eingelassen hast, hast du bereits den ersten Schritt in Richtung eines neuen Lebens mit mehr Selbstwertschätzung und Körperliebe getan. Indem du wiederum selbst zufriedener wirst, liebevoller mit dir umgehst und anderen durch dein Beispiel vorlebst, wie viel glücklicher du bist, sie darin bestärkst, sich selbst auf ihr Abenteuer zu mehr Wertschätzung zu begeben, änderst du nicht nur etwas in deinem Leben, sondern auch im Leben vieler anderer Menschen.

Im dritten Monat deiner Reise stehen deshalb deine persönlichen Beziehungen im Vordergrund und ihr Einfluss, den sie auf dein Wohlbefinden haben. Auch diesen Monat gilt es wieder, mehr Positives in deinem Leben zu verankern und das Negative in deine Vergangenheit zu verbannen.

Gemeinsam stark

Den ersten Schritt in Richtung eines neuen Lebens hast du bereits getan, eigentlich ja auch schon den zweiten und den dritten und wenn man es genau nimmt auch schon den vierten und fünften…. Jedenfalls… Also so eine Reise kann schon ziemlich lang und an der ein oder anderen Stelle gelegentlich auch ein bisschen einsam werden. Wäre es da nicht viel schöner, wenn man einen Reisebegleiter an der Seite hätte oder auch zwei oder drei oder auch vier oder fünf…? Ja, das finde ich auch. Deshalb darfst du in diesem Monat genau daran etwas ändern. Denn ich möchte von dir, dass du dir diesen Monat Reisebegleiter suchst, Gleichgesinnte, die dasselbe wollen wie du.

Wie viele Reisebegleiter du findest, bleibt dir überlassen. Wie eure gemeinsame Reise aussieht, bleibt euch überlassen. Trommel deine Freundinnen und die Freundinnen deiner Freundinnen, deine Schwestern und Cousinen, deine Mutter und möglicherweise sogar deine Großmütter zusammen. Egal, ob du lieber eine Facebook-Gruppe gründest, in der ausschließlich positive Themen besprochen werden, oder ob ihr euch doch lieber telefonisch austauschen wollt, ist eure Sache. Was ihr aber bis zum Ende des Monats oder – ich will mal nicht so sein – falls ihr keinen früheren Termin hinkriegen solltet, auch noch zu Beginn des nächsten Monats organisieren solltet, ist ein Lieblingskörper-Treffen, -Club oder -Stammtisch oder wie auch immer ihr das eben nennen mögt. Egal, ob ihr euch lieber in einem schönen Restaurant oder in einem Café treffen wollt oder lieber bei jemandem Zuhause, eurer Kreativität sind keinerlei Grenzen gesetzt. Es gibt dabei nur einige wenige Regeln, die es zu beachten gilt:

1. Es gibt einen Kleiderkodex, der eventuell die Wahl eures Treffpunktes beeinflussen könnte: Eure Kleidung darf unbedingt bequem sein. Das heißt nicht, dass ihr alle in Jogginghosen oder Pyjamas kommen sollt, aber gönnt euren Füßen doch ausnahmsweise flache Schuhe und euren Beinen nicht ganz so enge Hosen oder Röcke. Wer sich bei diesem Treffen von seiner Kleidung eingeengt fühlt, hat etwas falsch gemacht.

2. Falls es was zu essen geben sollte, darf ausschließlich über den umwerfenden Geschmack gesprochen werden. Kalorien-, Kohlenhydrat- und Fettangaben sind absolute Tabu-Themen.
3. Unterhaltet euch ausschließlich über positive Themen. Versucht die Klärung von Problemen doch bitte lieber auf ein anderes Treffen zu verschieben. Bestärkt euch lieber und feiert euch gegenseitig für eure Erfolge auf dem Weg zu mehr Selbstliebe.
4. Wehe jemand fängt an, von der Arbeit zu sprechen. Dann habt ihr meine offizielle Erlaubnis, ihr den Mund zuzuhalten. Die Arbeit hat hier gar nichts verloren.
5. Seid ihr selbst, habt ganz viel Spaß und fühlt euch richtig wohl.
6. Folgetermine sind absolut erwünscht und wärmstens empfohlen.

Genug Regeln! Legt los und habt gefälligst Spaß! Also bitte, wenn ihr mögt natürlich nur…

monat   kw
....

montag

....

dienstag

....

mittwoch

....

donnerstag

....

freitag

....

samstag

....

sonntag

Gestern war ich klug und wollte die Welt verändern.
Heute bin ich weise und möchte mich verändern.

- Rumi -

Du und ich

Wir haben nun ja schon viel darüber gesprochen, wie sehr uns die Ansichten nahestehender Personen beeinflussen können. Ist dir bewusst, wie deine Mutter, deine Oma oder deine Freundinnen zu ihren Körpern stehen? Wahrscheinlich haben sie wohl schon ab und zu die ein oder andere Bemerkung über ihren Körper fallen lassen. Das reicht uns aber nicht. Wir wollen es genauer wissen. Also habe ich mir überlegt, dass wir diese Woche ein paar Interviews führen wollen. Genauer gesagt vier Fragen in drei Interviews mit drei verschiedenen Frauen aus deinem persönlichen Umfeld.

Die ein oder andere Frage dürfte dir bestens vertraut sein. Jetzt sollst du sie anderen stellen. Notiere ihre Antworten in den dafür vorgesehenen Feldern. Du kannst die Fragen gern zum Anlass nehmen, dich im Anschluss an das Interview mit deinen Gesprächspartnern über das Thema weiter auszutauschen. Aber vor allem kannst du für dich herausfinden, wie andere Frauen zu ihren Körpern stehen und ob sich das mit deiner Selbstwahrnehmung deckt.

Name:

1. Was fällt dir ein, wenn du an deinen Körper denkst?

_____

_____

_____

_____

2. Was findest du schön an dir?

_____

_____

_____

_____

3. Was findest du nicht schön an dir?

_____

_____

_____

_____

4. Wer oder was hat/hatte den grössten Einfluss auf dein Körpergefühl?

(sowohl positiv als auch negativ)

_____

_____

_____

Name:

1. Was fällt dir ein, wenn du an deinen Körper denkst?

_____

_____

_____

_____

2. Was findest du schön an dir?

_____

_____

_____

3. Was findest du nicht schön an dir?

_____

_____

_____

4. Wer oder was hat/hatte den grössten Einfluss auf dein Körpergefühl?
(sowohl positiv als auch negativ)

_____

_____

_____

Name:

1. Was fällt dir ein, wenn du an deinen Körper denkst?

_____

_____

_____

_____

2. Was findest du schön an dir?

_____

_____

_____

_____

3. Was findest du nicht schön an dir?

_____

_____

_____

_____

4. Wer oder was hat/hatte den grössten Einfluss auf dein Körpergefühl?
(sowohl positiv als auch negativ)

_____

_____

_____

_____

Wie ist es dir mit den Interviews ergangen? Hast du dich in den Antworten deiner Interviewpartner wiedererkannt oder wurdest du von ihren Aussagen überrascht? Wie geht es dir mit ihren Antworten? Verunsichern oder bestärken sie dich? Welche Schlüsse ziehst du für dich daraus?

monat   kw

montag

dienstag

mittwoch

donnerstag

freitag

samstag

sonntag

Das Vergangene ist überhaupt nicht da!
In jedem Augenblick fängt dein Leben neu an.
– Bao –

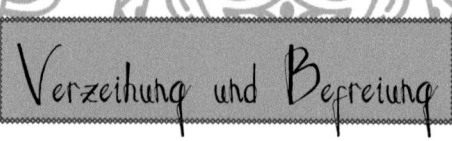

Verzeihung und Befreiung

Nachdem du dich letzte Woche mit der Wahrnehmung anderer beschäftigt hast, wollen wir uns diese Woche wieder um dich kümmern. Jeder hat in seinem Leben wahrscheinlich schon häufiger Situationen erlebt, in denen ihm ein wichtiger Mensch bewusst oder unbewusst geschadet hat – durch eine unachtsame Bemerkung oder durch sein Verhalten. Ich möchte, dass du dir im Verlauf der Woche ein wenig Zeit nimmst und dich daran zurückerinnerst, wann dir jemand in deinem Umfeld durch das, was er gesagt oder getan hat, in deiner Selbstwahrnehmung geschadet hat. Wann und wie du das machst, bleibt deine Entscheidung.

Wurdest du in der Schule wegen deiner Brille gemobbt? Hat dich ein Ex-Freund hinsichtlich deiner Figur unter Druck gesetzt? Oder hat sich auch einfach nur deine Oma darüber amüsiert, dass du immer so viel isst? Manchmal können selbst kleine Kommentare ohne jegliche böse Absicht dazu führen, dass wir verunsichert werden. Erinnere dich an all diese Situationen und schreibe sie auf.

Jetzt kommt der deutlich schwierigere Teil, für den du absolute Ruhe brauchst und ungestört bleiben solltest. Es geht darum, den Menschen, die dir geschadet haben, zu verzeihen. Bei deiner Oma wird das wohl um einiges leichter sein als bei deinem Ex-Freund. Schließlich hat sie es ja nicht böse gemeint. Vielleicht denkst du jetzt, dass der Sack es gar nicht verdient hat, dass man ihm verzeiht. Wahrscheinlich hast du da recht.

Aber beim Verzeihen geht es gar nicht um den anderen, sondern vor allem um dich. Buddha soll einst gesagt haben: „An Ärger festhalten ist, als ob du ein glühendes Stück Kohle festhältst mit der Absicht, es nach jemandem zu werfen – derjenige, der sich dabei verbrennt, bist du selbst." Wenn du also an deinem Groll einer Person gegenüber festhältst, schadest du in erster Linie dir selbst, auch wenn die andere Person deinen Groll vielleicht verdient haben mag.

Dein Ex-Freund wird sich wohl keine Gedanken mehr darüber machen, dass er dir damals gesagt hat, du müsstest dünner sein, um ihm zu gefallen. Er hat das längst vergessen. Du nicht. Indem du ihm verzeihst, lässt du dieses Erlebnis aus deinem Kopf gehen. Du lässt die heiße Kohle fallen und musst nicht länger den Schmerz ertragen.

Setzte dich also am besten mit geschlossen Augen hin und wiederhole drei bis fünf Mal deine Verzeihung. Wenn du deinem Ex-Freund verzeihen möchtest, sagst du:

Ich verzeihe dir (sein Name), dass du von mir verlangt hast, abzunehmen.

Falls es dir leichter fallen sollte, kannst du den Satz deiner Verzeihung auch gern aufschreiben. Wichtig ist, dass du diese Verzeihung wirklich ernst meinst. Verzeihe ihm mit deinem ganzen Herzen. Stell dir dabei vor, wie ein klarer, warmer Sommerregen dieses Gefühl von Wut oder Enttäuschung von dir abwäscht und nur noch dein befreites, federleichtes Ich zurücklässt.

Wenn du mit deinem Ex-Freund fertig bist, kümmerst du dich um die nächste Person und die übernächste, bis du allen verziehen hast. Dieses Ritual darfst du so oft wiederholen, wie du magst. Wenn du merkst, dass du mit einem Erlebnis abschließen konntest, dann nimm dir gern einen dicken schwarzen Stift und streich die Erfahrung von der Liste. Wenn du die Übung oft genug wiederholst, ist irgendwann nichts mehr übrig, was du noch verzeihen musst. Dann bist du frei von den negativen Urteilen anderer und kannst dich in Ruhe auf die Stärkung deines Selbstwertes konzentrieren.

Wie ist es dir in deiner Woche der Verzeihung ergangen? Konntest du schon mit der ein oder anderen Verletzung abschließen oder fällt es dir schwer, sie loszulassen? Merkst du, wie die Vergangenheit dir nichts mehr anhaben kann und du immer freier wirst? Egal, was du fühlst, sei dankbar dafür. Freue dich, wenn sich langsam ein positives Gefühl bei dir einstellt. Aber habe auch Geduld mit dir, wenn dir bestimmte Sachen immer noch nachhängen.

Mach dir klar, dass je größer die Verletzung war, die dir jemand zugefügt hat, desto schwerer wird es, dieser Person zu verzeihen. Manche Dinge sind so traumatisch, dass es lange Zeit dauert, bis man darüber hinwegkommt. Verzeihung ist dabei der wichtigste, aber eben auch der schwerste Schritt.

Es möglich ist zu verzeihen, egal was man erlebt hat. Das sage ich dir nicht nur aus eigener Erfahrung. Ich habe vor einiger Zeit einen Artikel über ein Ehepaar gelesen, das Vorträge darüber hält, wie es gelernt hat, dem Mörder ihres eigenen Sohnes zu verzeihen. Ich weiß, dass man sich kaum vorstellen kann, so etwas zu verzeihen. Aber verzeihen ist möglich. Und du kannst es auch!

monat   kw

montag

dienstag

mittwoch

donnerstag

freitag

samstag

sonntag

Unglück entsteht,
wenn wir leben,
um es anderen recht zu machen.

Getrennte Wege

Ich hoffe, du hast dich gut von deiner Aufgabe in der letzten Woche erholt. Und ich möchte mich gleich jetzt schon bei dir entschuldigen, denn diese Woche wird es kein bisschen leichter. Du wirst dir ein weiteres Mal einiges abverlangen müssen, bevor es etwas einfacher wird. Leider sind die Dinge, die am besten für uns sind, nicht immer die Leichtesten. Auch wenn du mich für die nächste Aufgabe im ersten Moment höchstwahrscheinlich gern einen Kopf kürzer machen möchtest, bitte vertrau mir. Ich habe nur das Beste für dich im Sinn.

Wahrscheinlich denkst du jetzt Wunder was da für eine Aufgabe auf dich zukommt. Deshalb möchte ich es jetzt gar nicht länger spannend machen und dir sagen, worum es geht. Die Erklärungen folgen danach.

Deine Wochenaufgabe lautet: **Trenne dich von Menschen, die dir schaden!**

Puh, jetzt ist es raus. Was heißt das aber konkret für dich? Denke doch bitte an deine Liste der Verzeihung aus der letzten Woche zurück. Waren auf der Liste Menschen dabei, die dir nicht nur in der Vergangenheit geschadet haben, sondern jetzt immer noch schaden? Wenn wir davon ausgehen, dass das Leben viel zu kurz ist und wir uns deswegen eigentlich nur mit Personen umgeben sollten, die unser Leben schöner machen, dann hast du genau zwei Möglichkeiten. Entweder du kannst offen mit der Person sprechen, die dich verletzt, und sie ist ernsthaft bereit, etwas an ihrem Verhalten zu ändern, oder sie hat nichts in deinem Leben verloren. Nein, das ist kein bisschen übertrieben. Eine Person, die dir schadet, die dir regelmäßig ein schlechtes Gefühl gibt, die dich dazu bringt, Dinge zu tun, die nicht gut für dich sind, hat nichts in deinem Leben zu suchen.

Das bedeutet nicht, dass du gleich jedem, der sich mal danebenbenimmt, die Freundschaft kündigen musst. Aber wenn jemand permanent dazu beiträgt, dass du an dir selbst zweifelst, solltest du dich ernsthaft fragen, warum diese Person überhaupt in deinem Leben ist.

Es gibt Menschen, die ihr eigenes ‚Selbstwertgefühl' auf dem Rücken anderer aufbauen. Solche Menschen eignen sich nicht als Freunde. Sie sind so egoistisch auf sich selbst fixiert, dass sie sonst niemanden mehr wahrnehmen. Alles, was für sie zählt, sind ihre eigenen Bedürfnisse. Das können Männer sein, die ihre Frauen schlecht behandeln. Das können Chefs sein, die ihre Mitarbeiter als Fußabtreter benutzen. Das können falsche Freundinnen sein, die ihre ‚Freundinnen' unterbuttern, um sich selbst wichtiger zu fühlen.

Es kann aber auch einfach nur sein, dass sich zwei Menschen, die in vergangener Zeit viele Gemeinsamkeiten hatten, so weit auseinandergelebt haben, dass sie keinerlei Berührungspunkte mehr finden. Auch solche Freundschaften oder Partnerschaften können die Seele stark belasten. Das Leben stellt schon genug Anforderungen an dich, dass du eigentlich keine Zeit hast, dich auch noch von so etwas runterziehen zu lassen.

Ich weiß, wie schwer es ist, Freundschaften, die schon seit fast 20 Jahren bestehen, zu beenden, weil sie nur noch in der Vergangenheit Bestand haben. Aber frag dich bitte ganz ehrlich, was du davon hast, an etwas festzuhalten, das nicht mehr funktionieren kann, weil ihr mittlerweile zwei völlig unterschiedliche Sprachen sprecht? Unter Umständen hast du die Hoffnung, dass man sich doch noch irgendwann annähert und willst die Beziehung deshalb nicht beenden. Das verstehe ich nur zu gut. Auch das habe ich über Jahre geglaubt. Wer weiß, womöglich kommt tatsächlich irgendwann der Tag, an dem man wieder aufeinander zugehen kann. Aber dazu braucht es oft erst den Abstand, damit sich jeder auf sich besinnen und seinen Weg finden kann. Wenn eine Freundschaft wirklich dazu bestimmt ist, wird sie sich auch nach zehn Jahren Pause wieder einfinden. Wenn sie dir in deiner jetzigen Lebenslage allerdings schadet, ist es momentan nicht ihre Zeit.

Ich bitte dich also, eine Liste zu machen, mit all den Personen, die bei dir ein schlechtes Gefühl verursachen, die dich runterziehen, dich zweifeln lassen, dich unglücklich machen. Damit sind natürlich keine Personen gemeint, die momentan in einer Lebenskrise stecken und deswegen gerade ein wenig neben sich stehen. Wenn allerdings eine Person über Jahre hinweg von einer persönlichen Krise in die nächste steuert, sich nicht wirklich helfen lassen will und dir dadurch schadet, zählt sie durchaus in die erste Kategorie. Mache also eine Liste dieser Personen aus deinem privaten sowie beruflichen Umfeld. Dann überlege dir ehrlich auf einer Skala von eins bis zehn, wie sehr dir diese Personen schaden (je höher der Zahlenwert, desto höher ihr negativer Einfluss auf dich), und ob sie es wirklich verdient haben, ein Teil deines Lebens zu sein.

Wenn ja, dann heiße sie herzlich willkommen. Wenn du einer Person aber einen Wert von über sieben zugeordnet hast, dann hat sie eigentlich nichts mehr in deinem Leben verloren. Dann solltest du dir Gedanken darüber machen, was du tun kannst, um dich von ihr zu befreien. Manchmal braucht es dazu tatsächlich ein Beziehungsabbruch oder einen Jobwechsel.

Auch hier gilt es wieder abzuwägen, was besser für dich ist. Ist der Job wirklich so erfüllend, dass er es wert ist, dein Leben von einer Person negativ beeinflussen zu lassen? Gegebenenfalls gibt es auch eine andere Option, den Job zu behalten, aber den Kontakt zu dieser Person dennoch so weit zu beschränken, dass sie dir nicht mehr schaden kann.

Egal, wie du dich entscheidest, sei bitte ehrlich zu dir. Am Ende musst du all dein Handeln mit deinem eigenen Gewissen ausmachen. Es ist dein Leben und du kannst als einziger Menschen den Entschluss fassen, wie du es leben möchtest. Sei es dir bitte einfach nur wert, allem Guten darin möglichst viel Raum zu geben und möglichst viel Schlechtes daraus zu verbannen, auch wenn das Schlechte eine bestimmte Person ist.

monat   kw

montag

dienstag

mittwoch

donnerstag

freitag

samstag

sonntag

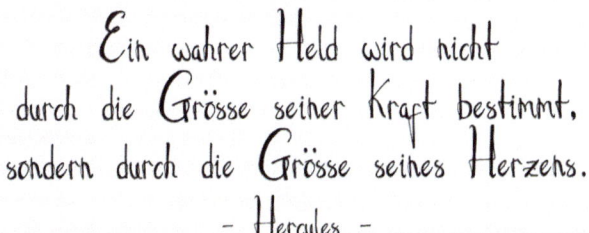

Ein wahrer Held wird nicht
durch die Grösse seiner Kraft bestimmt,
sondern durch die Grösse seines Herzens.

- Hercules -

Bitte mehr davon

Zunächst einen dicken herzlichen Glückwunsch, dass du es bis hierher geschafft hast. Du darfst dir jetzt bitte liebevoll aber bestimmt und unbedingt ausgiebig auf die Schulter klopfen. Also wirklich. Ganz egal, was die anderen sagen. Ich bin so stolz auf dich und du darfst es bitte unbedingt auch sein.

Wenn du fertig bist mit Schulterklopfen, dann knüpfen wir doch da an, wo wir letzte Woche aufgehört haben. Jetzt bitte tief durchatmen und dich wieder beruhigen. Keine Sorge. Es wird viel schöner diese Woche. Denn wo du in der letzten Woche eine Liste mit den Personen gemacht hast, die dir schaden, darfst du diese Woche eine Liste mit den Personen machen, die dir so richtig gut tun, die dein Herz größer machen, deine Seele im Kreis tanzen lassen und dich immer mit einem guten Gefühl verabschieden.

Mache eine Liste mit all den Personen, die dich positiv beeinflussen und frage dich, warum sie dir so ein gutes Gefühl geben. Bringen sie dich vielleicht zum Lachen, auch wenn du ganz am Boden bist? Haben sie meist einen guten Rat für dich? Oder sorgen sie dafür, dass du dich unbesiegbar fühlst, egal welche Steine dir das Leben in den Weg legt?

Das sind genau die Personen, die dein Leben reicher machen, weil sie dir auf einer Ebene begegnen, die nichts mit Oberflächlichkeiten zu tun hat. Mit solchen Menschen möchtest du unbedingt mehr zu tun haben. Vergegenwärtige dir also bitte in einem weiteren Schritt, was du wohl tun könntest, damit sie mehr Raum in deinem Leben einnehmen.

Das könnte also in etwa so aussehen:

Tante Gerda: Sie ist wie eine zweite Mutter für mich, bei ihr fühle ich mich sicher und geborgen. Ich möchte sie mindestens einmal pro Woche anrufen. Da ich montags am meisten Luft habe, mache ich das direkt da.

Meine Freundin Marlen: Bei ihr kann ich sein, wie ich bin und weiß, dass ich immer richtig bin. Ich möchte mich mindestens einmal im Monat mit ihr treffen. Damit wir das auch wirklich hinkriegen, machen wir bei jedem Treffen gleich schon den nächsten Termin aus.

Alles, was du jetzt noch tun darfst, ist deine Umsetzung auch umzusetzen. Am besten fängst du direkt damit an. Ich wünsche dir auf jedenfalls viel Spaß mit deinen Glückskeks-Menschen ;)

monat   kw

montag

dienstag

mittwoch

donnerstag

freitag

samstag

sonntag

Denk daran, du bist derjenige,
der die Welt mit Sonnenschein füllen kann.

– Schneewittchen und die sieben Zwerge –

Süssholzraspeln

Nachdem du diesen Monat so viel für dich getan hast – einen Teil deiner Vergangenheit hinter dir gelassen, menschliche Energiefresser aussortiert und Glückskeks-Menschen verstärkt in dein Leben geholt hast –, ist es an der Zeit, andere mit deiner positiven Einstellung anzustecken.

Ist dir schon mal aufgefallen, wie sparsam die meisten Menschen mit echten Komplimenten umgehen? Und mit echten Komplimenten meine ich nicht freundliche Kommentare zu den neuen Schuhen der Arbeitskollegin oder der Figur einer Freundin. Mit echten Komplimenten meine ich ernstgemeinte Anerkennung beispielsweise für eine besondere Eigenschaft. Wie oft hat dir dein Chef bereits zurückgemeldet, was du für eine gute Arbeit leistest und wie unverzichtbar du für die Firma bist? Wie oft haben dir deine Freunde schon gesagt, wie beeindruckt sie von deiner positiven Entwicklung sind? Das hörst du ständig? Dann möchte ich dich dazu beglückwünschen. Ich habe da leider eine etwas andere Erfahrung gemacht.

Ich finde, dass die Wertschätzung anderer Menschen oft viel zu sehr auf der Strecke bleibt. Lass uns diese Woche etwas daran ändern. Lass uns diese Woche echte Komplimente und aufrichtige Wertschätzung verteilen.

Versuche jeden Tag mindestens drei aufrichtige Komplimente zu machen. Am besten drei unterschiedlichen Personen, damit möglichst viele verschiedene Menschen ein klein wenig Wertschätzung erfahren.

Das Erste, was du deshalb tun solltest, ist mit offenen Augen und Ohren durch den Alltag gehen und die Menschen in deinem Umfeld beobachten. Vielleicht ist es ja an der Zeit, dem Postboten ein Lob für seinen täglichen Dienst auszusprechen. Oder der Bäckerin zu danken, dass sie das beste Brot in der Gegend backt. Möglicherweise hat aber auch der Busfahrer ein Kompliment für seine ruhige, immer freundliche Art verdient.

Sei aufmerksam für die Dinge, die andere tun und die man viel zu oft als selbstverständlich hinnimmt. Ich wette, du wirst mit der Zeit zu einem richtigen Komplimente-Profi.

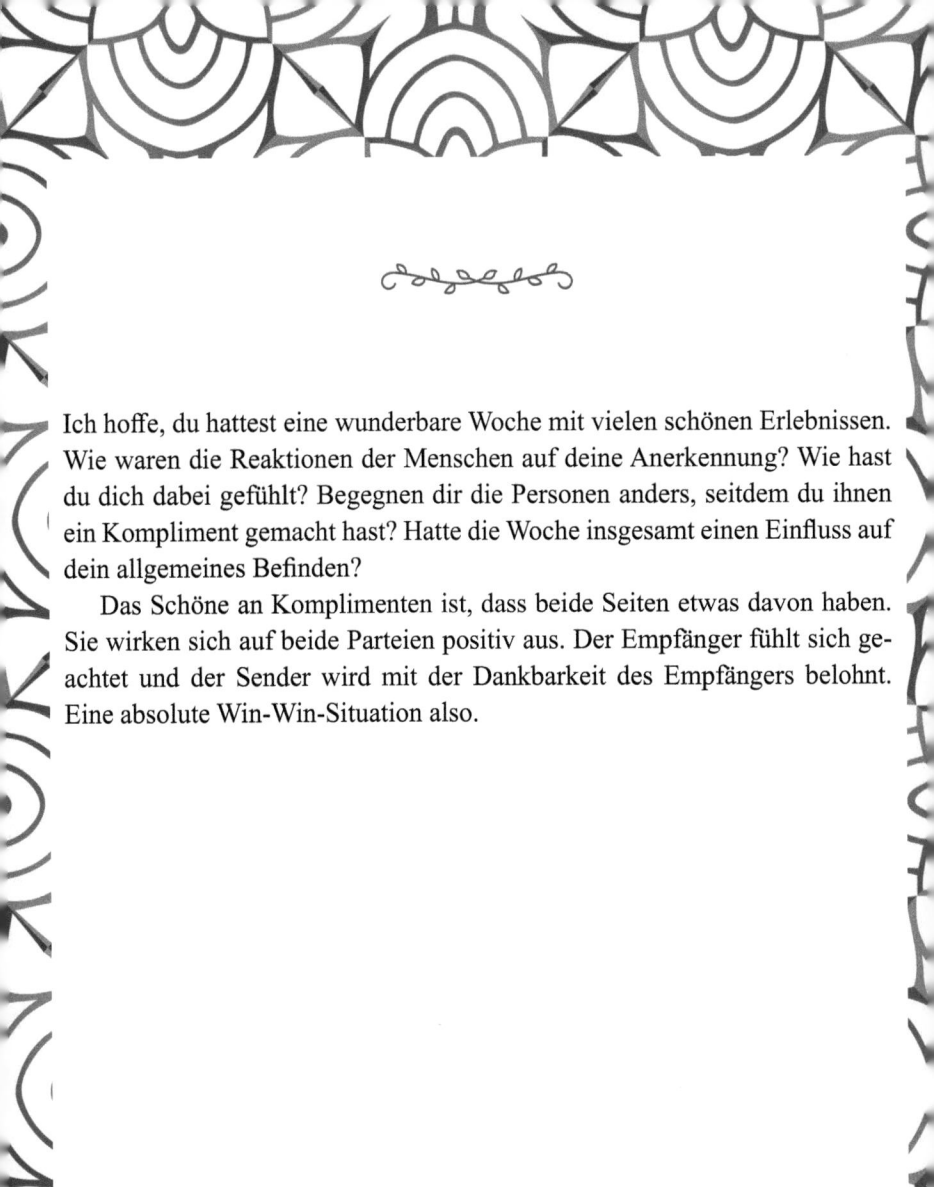

Ich hoffe, du hattest eine wunderbare Woche mit vielen schönen Erlebnissen. Wie waren die Reaktionen der Menschen auf deine Anerkennung? Wie hast du dich dabei gefühlt? Begegnen dir die Personen anders, seitdem du ihnen ein Kompliment gemacht hast? Hatte die Woche insgesamt einen Einfluss auf dein allgemeines Befinden?

Das Schöne an Komplimenten ist, dass beide Seiten etwas davon haben. Sie wirken sich auf beide Parteien positiv aus. Der Empfänger fühlt sich geachtet und der Sender wird mit der Dankbarkeit des Empfängers belohnt. Eine absolute Win-Win-Situation also.

04 Ich

Perfekt mit allen Ecken und Kanten

Was würdest du dir wünschen, wenn dir eine gute Fee deine Wünsche erfüllen würde? Würdest du ein paar Kilo verlieren wollen? Würdest du erfolgreicher oder beliebter sein wollen? Hättest du gern weißere Zähne, volleres Haar oder längere Beine? Würdest du intelligenter oder talentierter sein wollen?

Was, wenn ich dir sage, dass du dann aber gar nicht mehr du wärst, ein anderes Leben, eine andere Familie hättest? Alles hat seinen Preis. So wie du nicht erwarten kannst, dass sich etwas verändert, wenn du die Dinge wie bisher machst, kannst du nicht erwarten, dass alles gleichbleibt, obwohl du die Dinge änderst. Es hat einen Grund, warum du aussiehst, wie du aussiehst – wegen deiner Eltern, deiner Großeltern und all deiner Vorfahren vor ihnen. Um anders auszusehen, bräuchtest du also entweder andere Gene oder einen Termin bei Schönheitschirurgen.

Wenn du also deine Eltern nicht hergeben wollen würdest, bliebe nur noch der Termin beim Beauty-Doc. Aber danach bist du auch nicht mehr du selbst. Vermutlich hast du keine Vorstellung davon, wie sehr ein solcher Eingriff dich und dein Leben verändern kann. Die Hauptdarstellerin von *Dirty Dancing* beispielsweise ließ sich von ihrer Gage die Nase korrigieren, weil sie so unzufrieden war. Danach bekam sie kaum noch Rollenangebote, weil ihr der komplette Wiedererkennungswert fehlte – das, was sie zumindest ein Stückweit bisher optisch überhaupt ausgemacht hatte.

Mit Sicherheit gibt es auch genügend Menschen, die so zufrieden mit dem Ergebnis ihrer Schönheits-OP sind, dass sie noch eine OP durchlaufen und noch eine. Dass diese Menschen schnell nicht mehr aussehen wie sie selbst sondern eher wie Puppen, ist allerdings auch kein wirkliches Geheimnis.

Ob man solche OPs jetzt schön findet oder nicht, ist hier absolut zweitrangig. Die Frage, die ich mir viel eher stelle, ist, warum viele Menschen so bereitwillig etwas an sich ändern wollen. Nicht unbedingt nur durch kosmetische Eingriffe, sondern auch in Fitness-Studios oder selbst beim Frisör. Über Jahre hinweg war ich mindestens alle zwei Monate beim Frisör, um mir Strähnen machen zu lassen, die Haare zu färben, einen Pony schneiden zu lassen oder eben Stufen. Alles, um möglichst viel aus meinem Typ zu machen, weil dunkelblonde Haare ohne alles ja viel zu langweilig seien. Wie seltsam mir mittlerweile die Vorstellung vorkommt, so viel Geld liegen zu lassen, um anders auszusehen, als ich eigentlich aussehe, weil dann mein Typ besser zur Geltung käme.

Wer entscheidet denn, dass blonde Strähnen mehr hermachen als dunkelblonde Haare? Wer entscheidet, dass schlanke Frauenkörper schöner sind als kurvige? Wer entscheidet, dass Ruhm und Reichtum erstrebenswerter sind als Ruhe und Ausgeglichenheit? Die Gesellschaft und die Medien? Keine Frage. Aber weder die Gesellschaft, noch die Medien können uns zu irgendetwas zwingen, was wir nicht wollen. In unseren Breitengraden entscheiden wir immer noch selbst, ob wir die Fernbedienung in die Hand nehmen und ob wir uns dann lieber eine Dokumentation oder *Germany's Next Topmodel* ansehen wollen. Kein Fernsehsender würde Castingshows produzieren, wenn er damit nicht sehr viel Geld verdienen könnte. Wir als Zuschauer machen Castingsendungen, Umstyling- und sonstige Optimierungsformate, Selbstinszenierungsplattformen wie Instagram und YouTube doch überhaupt erst möglich.

Wir wollen andere dabei beobachten, wie sie vom Mädchen von Nebenan zum gefeierten Star werden. Wir wollen sehen, wie man mit der Hilfe von echten Profis, schlanker, schöner, erfolgreicher und beliebter wird, den Partner fürs Leben findet. Wir wollen lernen, wie man sich am besten selbst vermarktet, um den ganz großen Coup zu landen. Wir wollen nur zu gern den großen Versprechen der Medien, der Fitnessketten und Diäten glauben: Je schlanker, desto schöner, desto erfolgreicher, desto beliebter, desto glücklicher.

Wir entwickeln diese Idealvorstellung von uns selbst, die gespeist ist von den Bildern aus den Medien, von den Normen unserer Gesellschaft, von den Werten unserer Familie, aber vor allem von den Anforderungen an uns selbst. Wir glauben, wenn wir erst dieser ideale Mensch sind, dann haben wir die Garantie auf ewiges Glück und Liebe.

Wir hungern, wir schwitzen, wir leiden. Und das alles nur für die perfekte Figur, ohne dabei infrage zu stellen, dass unsere Hüftknochen von Natur aus zu breit sind, um in Size Zero zu passen. Lieber verlieren wir zehn Kilo. Was für ein Gefühl. Wir fühlen uns viel besser, können eine ganze Kleidergröße weniger tragen und werden mit Komplimenten für unsere ,neue' Figur überhäuft. Wir fühlen uns unbesiegbar, sind glücklich und zufrieden – zumindest für den Augenblick. Irgendwann holt uns der Alltag wieder ein – Stress im Büro, Ärger mit der Familie. Statt den euphorischen Glücksgefühlen macht sich ein Gefühl von Leere und Sinnlosigkeit breit. Das muss an der Figur liegen. Die Schenkel sind schließlich immer noch zu breit und noch eine Kleidergröße weniger würde immerhin noch mehr Shoppingmöglichkeiten eröffnen. Die nächsten zehn Kilo weniger bringen ganz bestimmt das erwünschte Ergebnis.

So geht es immer weiter. Muss weitergehen, bis wir in ferner Zukunft ein Ziel erreichen, das wir eigentlich gar nicht kennen. Hauptsache immer mehr vom selben bzw. neuen Glücksgefühl, das uns Schönheit vermeintlich verspricht.

Glück und Zufriedenheit sind aber eben genauso wenig im Außen zu finden wie Herz und Verstand. Glück und Zufriedenheit sind nicht an das Erreichen von Idealen geknüpft. Glück und Zufriedenheit findest du im Hier und Jetzt, in deinen Ecken und Kanten und Makeln. Dann nämlich, wenn du radikal ohne Wenn und Aber akzeptierst, dass du richtig bist, wie du bist, obwohl du in deinen Augen vielleicht alles andere als perfekt bist. Dass du nicht erst irgendein Ideal erreichen musst, um die Erlaubnis zu erhalten, glücklich sein zu dürfen. Du hast jetzt schon die Erlaubnis, glücklich zu sein, dich schön zu finden, auch wenn du nicht perfekt bist.

Möglicherweise fragst du dich, ob in einer Gesellschaft, die nach makelloser Perfektion strebt, das Unperfekte überhaupt in Ordnung sein kann. Wie oft hast du denn schon solche Aussagen gelesen wie: ‚Du bist perfekt, wie du bist.‘, ‚Du musst einfach anfangen deinen Körper zu lieben.‘, ‚Jeder Mensch ist auf seine Art und Weise schön.‘? #bodypositivity und so. Und? Haben dir diese Aussagen wirklich geholfen? Haben sie dazu beigetragen, dass du dich besser gefühlt hast? Also ich weiß nicht, wie es dir geht, aber ich kann solche leeren Floskeln nicht mehr hören.

Wem hat es in der Geschichte der guten Ratschläge schon jemals geholfen, zu hören, dass man sich nur selbst lieben müsse, damit andere einen auch lieben könnten. Und dann? Einfach einen Schalter im Kopf umlegen und all die Selbstzweifel, die man über Jahre oder gar Jahrzehnte hinweg kultiviert hat, sind ausgelöscht? Auf was warten wir dann eigentlich alle noch? Joa… Da haben wir wahrscheinlich alle andere Erfahrungen gemacht. Zwischen sich selbst etwas einzureden und wirklich etwas zu fühlen ist dann doch ein minimaler Unterschied.

Trotzdem, obwohl solche Slogans oft einfach nur in den Raum geworfen werden, nicht selten dazu genutzt werden, Produkte zu verkaufen, die der Selbstakzeptanz manchmal sogar im Weg stehen, ihr Kern ist mit Sicherheit nicht verkehrt. Die radikale Akzeptanz der Dinge ist ein Anfang auf dem Weg fort von irgendwelchen schadhaften Idealvorstellungen, die in uns nisten. Aber es braucht wohl doch noch ein bisschen mehr dazu, um sich komplett von diesen Idealen zu befreien.

Lass uns diesen Monat damit anfangen. Lass uns negative Gedanken über Board werfen und eine liebevolle Dankbarkeit mit unseren Ecken und Kanten entwickeln.

Ganz ohne Zahlen

Wie oft machst du dir Gedanken um deine Kleidergröße? Wie häufig kontrollierst du dein Gewicht auf der Waage? Wie gut kennst du dich mit den Kalorien-, Kohlenhydrat- und Fettangaben von Lebensmitteln aus? Wahrscheinlich zu oft, zu häufig und zu gut. Nein? Ganz sicher?

Wozu ist die Kleidergröße da? Um dir zu sagen, welche Größe deine Kleidung haben sollte, damit sie dir passt. Punkt. Aus. Fertig. Zu mehr ist die Konfektionsgröße nicht da. Warum sollte es also wichtig sein, welche Größe auf dem Etikett in deiner Hose steht? Ob 36, 40 oder 44 ist doch eigentlich vollkommen egal.

Diese Zahl sagt weder etwas über deinen Wert als Mensch noch über deine Gesundheit aus. Eine kleinere Größe macht dich nicht zu einem besseren oder gesünderen Menschen. Manche Frauen mit einer Kleidergröße 46 sind gesünder als Frauen mit einer Kleidergröße 34; und umgekehrt. Wozu lohnt es sich also, auch nur einen Gedanken an die richtige Kleidergröße zu verschwenden? Die richtige Größe ist die, die dir passt. Nicht mehr und nicht weniger.

Und wozu kontrollierst du dein Gewicht? Weil du wissen willst, ob du dich im gesunden Gewichtsbereich findest? Ich verrate dir etwas. Um zu wissen, dass du gesund bist, brauchst du keine Waage. Echt nicht. Die Zahl auf der Waage sagt beinahe genauso wenig über deine Gesundheit aus wie die Zahl auf den Etiketten deiner Kleidung. Kein Scherz. Damit will ich gar nicht in Frage stellen, dass es gesündere und ungesündere Gewichtsbereiche gibt.

Nehmen wir doch den Body Mass Index (BMI) als Bemessungsgrundlage, der das Gewicht in Normalgewicht, leichtes Unter- und Übergewicht sowie starkes Unter- und Übergewicht einteilt. Laut dem BMI ist dabei der normale Bereich der gesündeste, leichtes Unter- und Übergewicht aber noch nicht unbedingt dramatisch. Erst im starken Unter- und Übergewicht wird es kritisch. Was heißt das nun konkret?

Nehmen wir zum Beispiel eine junge Frau, die 1,70 m groß ist. Je nach BMI-Rechner hat sie Normalgewicht im Bereich von 55 – 70 kg. Das allein ist schon mal eine ordentliche Spanne. Wirklich kritisch wird es für die Frau aber erst dann, wenn sie weniger als 51 kg oder mehr als 85 kg wiegt. Wir sprechen hier über einer Spanne von mehr als 30 kg. Natürlich kann es vorher auch schon zu Beschwerden kommen. Nichtsdestotrotz zeigt sich eine enorme Spannweite von 15 kg zwischen dem oberen und unteren Grenzwert bereits im normalgewichtigen Bereich.

Sowohl 15 als auch 30 kg Unterschied im Gewicht einer Person kannst du mit bloßem Auge erkennen. Dazu brauchst du wahrlich keine Waage. Und bevor noch dein Auge den Unterschied merkt, bekommst du eine ungesunde Gewichtszunahme auf anderem Weg mit. Du wirst beim Treppensteigen viel schneller außer Atem kommen. Du wirst insgesamt viel müder und schlapper im Alltag und fängst womöglich nachts zu schnarchen an. Noch bevor du also einen Schritt auf die Waage getan hast, gibt dir dein Körper schon zu verstehen, dass etwas nicht stimmt.

Aus welchen Gründen solltest du sonst noch auf die Waage steigen? Um zu sehen, ob du irgendwelchen Idealen entsprechend schlank genug bist? Um deinen Selbstwert zu bestimmen? Du weißt genauso gut wie ich, dass das nicht funktionieren kann. Selbst wenn du im ersten Moment durchaus ein gutes Gefühl haben solltest, weil du etwas abgenommen hast, ist dieses Gefühl nun wahrlich nicht von langer Dauer.

Um deine Abnehmfortschritte zu beobachten und weiterhin motiviert zu bleiben? Wenn du aus gesundheitlichen Gründen abnehmen möchtest, wirst du deine Erfolge auch auf andere Art feststellen können – zum Beispiel beim Treppensteigen. Möchtest du aus ästhetischen Gründen abnehmen, würde ich dich wiederum fragen, warum. Warum willst du abnehmen, wo du doch völlig gesund bist? Das hast du doch gar nicht nötig. Aber eben dann hast du auch keine Waage nötig.

Letzte Frage: Wozu kennst du dich so gut mit Kalorien-, Kohlenhydrat- und Fettangaben aus? Weil du irgendwann gelernt hast, dass kalorienarme Lebensmittel gute Lebensmittel sind? Das entspricht aber nicht der Wahrheit. Obst und Gemüse haben deutlich weniger Kalorien als Butter. Stimmt. Aber ein Apfelsaftschorle ohne künstliche Zusatzstoffe hat deutlich mehr Kalorien als eine Cola Light, die bis oben hin mit schädlicher Chemie vollgestopft ist.

Um die hochgepriesenen Eiweiß-Shakes aus den Fitness-Studios sollte man auch lieber einen großen Bogen machen, obwohl sie vielleicht wenig

Kohlenhydrate und dafür viel Eiweiß haben. Ganz einfach, weil diese Präparate aus nichts anderem als Chemie bestehen. Wenn die Natur gewollt hätte, dass wir Eiweiß-Shakes trinken, um zu überleben, dann würden Eiweiß-Shakes an Bäumen wachsen und nicht in Fabriken entstehen.

Kohlenhydrate und Fette sind auch nicht per se schlecht. Ganz im Gegenteil. Kohlenhydrate dienen dem Körper als Treibstoff. So wie normale Autos nicht ohne Benzin fahren können, können wir nicht auf Dauer ohne Kohlenhydrate auskommen. Auch Fette sind für uns überlebenswichtig, weil es beispielsweise manche Vitamine gibt, die unser Körper nur mit Hilfe von Fettsäuren überhaupt aufnehmen kann.

Anstatt also Kalorien, Kohlenhydrate und Fette zu verteufeln, gilt auch hier wieder, wer gesund sein möchte, sollte lieber auf seinen Körper hören, als stumpfsinnig irgendwelchen Zahlen zu viel Wert beizumessen. Die Vorstellung, dass jeder Mensch in Abhängigkeit von Geschlecht, Alter, Größe und Gewicht genau dieselbe Menge an Inhaltsstoffen zu sich nehmen sollte, hat unsere westliche Gesellschaft eher für sich allein gepachtet. In der traditionellen ostasiatischen Medizin macht sich keiner Gedanken um die genauen Gewichtsangaben der verschiedenen Inhaltsstoffe. Dort wird versucht, das Ernährungsverhalten individuell am Menschen, seinem Körper und seinen Lebensumständen festzumachen.

Du darfst also getrost die ganzen Zahlen vergessen, die dir in irgendeiner Form einzureden versuchen, wie du zu sein hast. Sie haben nichts mit Gesundheit und Glück zu tun, sondern lediglich mit Idealen und Normen. Also eigentlich könnten wir dann doch auch die Ideale und Normen in die Tonne kloppen, um mehr Platz für Gesundheit und Glück zu schaffen? Was für eine grandiose Idee. Lass uns diesen Monat die Zahlen aus unserem Leben kicken:

1. Schneide die Etiketten aus deinen Klamotten!
2. Wirf deine Waage aus dem Fenster (aber bitte pass auf, dass gerade niemand unter deinem Fenster entlangläuft), schmeiß sie gegen die Wand, trample auf ihr herum, zerlege sie in all ihre Einzelteile, für das, was sie dir über Jahre hinweg angetan hat!
3. Zerrupf deine Kalorientabellen und zerreiß dein Maßband (außer du brauchst es zum Nähen oder Basteln, dann darfst du es behalten)!
4. Trenne dich von all den Zahlenteufeln, die dir dein Leben schwermachen, und feiere deine neugewonnene Freiheit!

Du brauchst keine Zahlen in deinem Leben. Du bist so viel mehr wert als alle Zahlen dieser Welt.

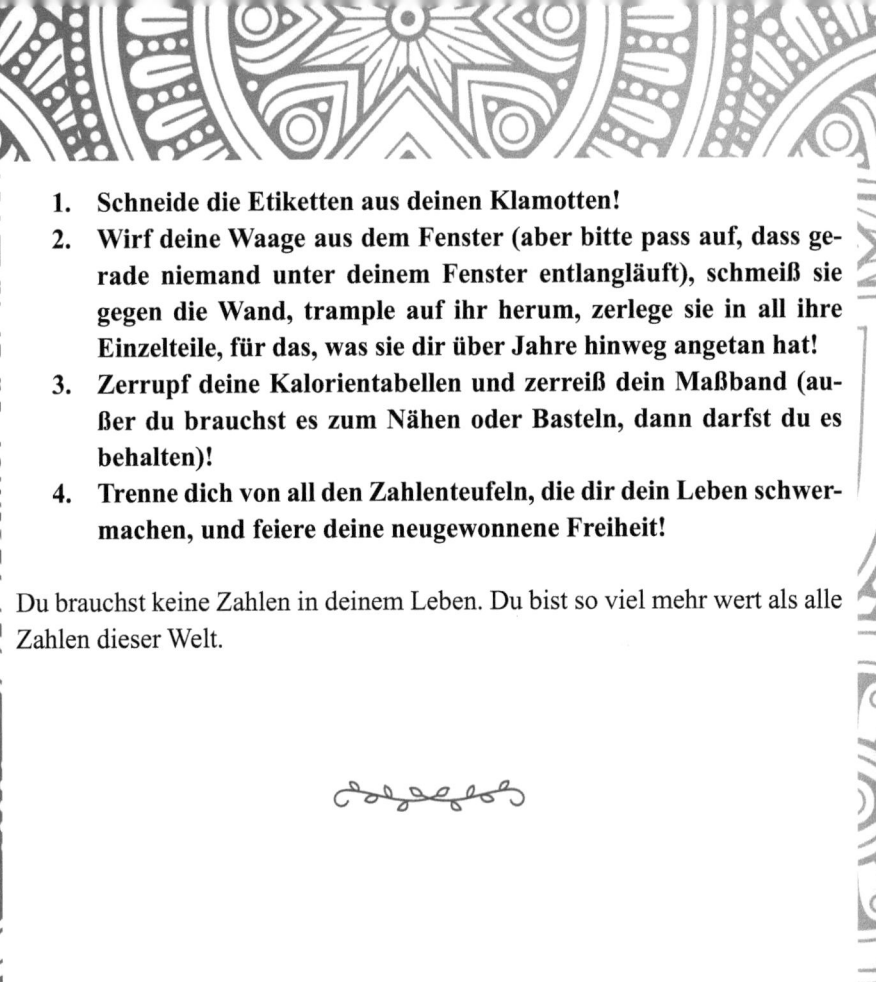

monat   kw

. . . .

montag

. . . .

dienstag

. . . .

mittwoch

. . . .

donnerstag

. . . .

freitag

. . . .

samstag

. . . .

sonntag

Du wirst Morgen sein, was du Heute denkst.
- Buddha -

Abschiedsritual

Du bist bei der Arbeit an einem Tag wie jeder andere. Dein Kaffeebecher ist noch halbvoll, du dementsprechend noch nicht richtig wach. Dein Chef kommt vorbei, um dir eine Aufgabe zuzuteilen, eine Aufgabe, die du noch nie gemacht hast. Dir wird ganz anders zumute. Dir wird heiß und kalt. Wie sollst du das bloß schaffen? Du hast doch gar keine Ahnung davon. Der Schweiß bricht dir auf der Stirn aus. Du bist dir sicher, du wirst versagen, so wie du schon oft versagt hast. Du bist einfach eine Versagerin. Immer bist du überfordert. Ohne die Hilfe anderer bekommst du gar nichts hin. Plötzlich fühlst du dich unwohl in deinem Körper. Wünschst dir, du wärst wenigstens ein bisschen schöner. Dann könntest du deine fehlende Kompetenz wenigstens mit deinem Aussehen wettmachen. Aber selbst beim Aussehen hast du völlig versagt…

Kommt dir diese Situation vertraut vor? Oder hast du zumindest ein ähnliches Gedankenkarussell bei einer anderen Gelegenheit erlebt? Wahrscheinlich waren wir alle schon an dem Punkt, an dem wir viel zu streng mit uns umgegangen sind, zu viel von uns erwartet und uns zu wenig zugetraut haben. Selbst wenn wir eigentlich ganz gut mit uns auskommen, langsam lernen, uns besser zu akzeptieren, kommen wir manchmal in Situationen, in denen uns die Vergangenheit wieder einholt. Allzu leicht verfallen wir in alte Muster und fangen an, uns selbst fertigzumachen. Niemand auf der Welt ist so hart zu dir wie du zu dir selbst.

Diese Woche wollen wir einen ersten Schritt wagen, um unsere negativen Gedanken über uns loszuwerden. Dazu benötigst du einen *Zettel*. Es kann ruhig auch ein Schmierpapier sein. Dann brauchst du noch einen Stift, eine *brennende Kerze*, eine *feuerfeste Schale* und eine ruhige Atmosphäre.

Nun schreibst du all deine negativen Gedanken über dich selbst auf den Zettel. Schreib alles auf, was dir einfällt – all die Gemeinheiten, die du schon über dich gedacht hast. Wenn du fertig bist, nimmst du den Zettel, hältst ihn in die Kerze, bis er Feuer fängt, und legst ihn dann in die feuerfeste Schale, damit du dich nicht verbrennst. Lass diesen Zettel in Flammen aufgehen und mit ihm all die garstigen Gedanken über dich. Schau zu, wie die Flammen all deine Ablehnung dir selbst gegenüber auffressen. Fühle, wie sich mit dem nahenden Ende des Zettels, auch deine Vergangenheit einem Ende nähert und dich vom Schlechten befreit.

Wenn von dem Zettel nichts mehr als Asche übrig ist, schließe deine Augen und spüre in dich hinein. Merkst du schon einen Unterschied? Fühlst du dich bereits freier? Leichter? Froher? Fühlst du Wut? Oder beginnen die Tränen zu kullern? Dann lass sie. So wie das Feuer deine Gedanken reinigt, befreien die Tränen deine Seele von dem Schmutz, der sich all die Jahre auf ihr abgelagert hat.

Du darfst das Ritual in dieser Woche gern öfter wiederholen. Manche Gedanken brauchen einfach ein bisschen mehr Feuer, um sich in Asche aufzulösen. Mit jeder Wiederholung des Rituals wirst du dich wahrscheinlich noch ein bisschen freier fühlen.

Freiraum

monat   kw

montag

dienstag

mittwoch

donnerstag

freitag

samstag

sonntag

Du kannst nicht negativ denken und Positives erwarten.

Gedankenkarussell

Nun hast du dich in der letzten Woche erfolgreich von deinen negativen Gedanken befreit. Und trotzdem wirst du höchstwahrscheinlich noch manches Mal in Situationen kommen, in denen du dich wieder dabei ertappst, dass du schlecht über dich denkst. Vielleicht fühlst du dich minderwertig, weil du deine beste Freundin viel schöner findest als dich. Vielleicht setzt du schon wieder in deinem perfektionistischen Drang so hohe Erwartungen an dich, dass du nur verlieren kannst. Oder vielleicht bist du sauer auf deinen Körper und dich, weil du zu viele Süßigkeiten gegessen hast. Diese Gedanken wollen wir unbedingt aus deinem Kopf und deinem Herzen herausbekommen.

Du wirst feststellen, dass die Gedanken von allein verschwinden, je zufriedener und liebevoller du mit dir selbst umgehst. Irgendwann wirst du an dem Punkt sein, dass du mit dir so liebevoll umgehst wie mit den wichtigsten Menschen in deinem Leben. Was tust du allerdings so lange du noch nicht an diesem Punkt bist? Oder was machst du, wenn du einfach einen schlechten Tag hast, einen Rückschlag erlebst und sich doch wieder schädliche Gedanken in dein Leben zurückschleichen? Dann darfst du die folgende Übung machen, um dein Gedankenkarussell zu stoppen:

1. Richte deine Aufmerksamkeit nach außen, weg von dir in den Moment hinein. Schau dich um. Frage dich, was du siehst. Benenne mindestens fünf Dinge in deinem Umfeld.
   Kannst du Bäume sehen? Autos? Einen Mann mit einer Aktentasche? Eine Frau mit einem Regenschirm? Oder einen Schmetterling?

2. Schließe deine Augen und richte deine Aufmerksamkeit auf die Geräusche um dich herum. Frage dich, was du hörst. Benenne mindestens drei Geräusche, Töne oder Klänge in deiner Umgebung.
   Hörst du das Lachen eines Kollegen? Das läuten eines Telefons? Oder deinen eigenen Atem?

3. Nun kommst du wieder zu dir zurück. Halte die Augen geschlossen und spüre in deinen Körper hinein. Frage dich, was du fühlst. Benenne mindestens drei Empfindungen.
   Kannst du fühlen, wie kühl deine Hände sind? Wie dein Magen grummelt? Oder wie weich du auf dem Stuhl sitzt?

Wiederhole die Übung zwei bis vier Mal; so lange, bis du dich ruhiger fühlst und wieder einen klaren Kopf hast. Dann kannst du dich wieder ganz normal deinem Alltag widmen. Sobald sich deine negativen Gedanken jedoch erneut einstellen sollten, beginne die Übung von vorn.

Du kannst diese kleine Meditation machen, ganz egal wo du bist. Sie soll dir dabei helfen, dein Gedankenkarussell anzuhalten und wieder zurück in den Moment zukommen. Deine ganzen Selbstzweifel finden ausschließlich in deinem Kopf statt. Woher sollst du wissen, ob du einer Aufgabe gewachsen bist, wenn du sie noch nie ausprobiert hast? Selbst ein Gefühl von Überforderung existiert nur in deinem Kopf. Manchmal reicht es bereits, tief durchzuatmen, ein wenig Abstand zu kriegen und die Welt sieht schon wieder anders aus. Wenn nicht, dann holst du dir einfach Hilfe von jemandem mit mehr Erfahrung. Und dass deine Körpermaße nichts über deinen Wert aussagen, weißt du mittlerweile sowieso. Die Lösung lautet also: Kopfwirrwarr ausschalten und im Moment ankommen.

monat   kw

montag

dienstag

mittwoch

donnerstag

freitag

samstag

sonntag

Du wurdest geboren, um Fehler zu machen, nicht um perfekt zu sein.

Mein liebster Schatz

Woher kommen all diese negativen Gedanken in uns? Warum reagieren wir in manchen Situationen wie ein kleines Kind und nicht wie ein vernünftiger Erwachsener? Weil wir nicht immer der vernünftige Erwachsene sein können und das kleine Kind in uns einfach auch ab und zu seinen Auftritt braucht.

Viel zu oft bekommen Kinder nicht das, was sie brauchen – aus den unterschiedlichsten Gründen. Weil die Eltern als Kinder selbst nicht bekommen haben, was sie gebraucht hätten, und nun ihre eigenen Erfahrungen an ihre Kinder weitergeben. Weil Eltern eben keine Gedanken lesen können und Kinder nicht immer in der Lage sind, zu äußern, was sie in einer bestimmten Situation benötigen. Und weil Eltern einfach auch nur Menschen sind und Menschen Fehler begehen, ob sie wollen oder nicht.

Also stehst du manchmal vor dem Spiegel, hast einen Schrank voller Klamotten und doch nichts zum Anziehen. Anstatt das Beste aus dem Augenblick zu machen, flippst du aus und schmeißt deine Kleider durch den Raum. Oder du sitzt im Restaurant beim Abendessen und erntest einen schiefen Blick von der schönen Kellnerin. Für dich ist ganz klar, dass das etwas mit deiner Figur zu tun haben muss. Also verzichtest du aus Protest aufs Essen oder begnügst dich mit einem Salat, obwohl du viel lieber Nudeln gegessen hättest.

Zuweilen führt die ungünstige Verkettung bestimmter Ereignisse im Alltag dazu, dass wir in eine frühere Zeit zurückkatapultiert werden, in der wir als Kind von irgendjemandem bewusst oder unbewusst schlecht behandelt worden sind. Als Kind waren wir aber eben noch nicht in der Lage für uns selbst einzustehen. Damals waren wir noch viel zu sehr auf den Schutz von Erwachsenen angewiesen. Da uns die Erwachsenen aber nun nicht immer die Sicherheit geben konnten, die wir benötigt hätten, sind manche mehr oder weniger traumatischen Erlebnisse in unserer Kindheit unaufgearbeitet geblieben und drängen immer wieder an die Oberfläche.

Prinzipiell kann man sagen, dass in Situationen, in denen wir nicht angemessen reagieren, also zum Beispiel besonders trotzig oder ungehalten, nicht unser erwachsenes Ich am Steuerrad sitzt, sondern irgendeine jüngere Version von uns – manchmal die 15-jährige, ab und zu wiederum die zehnjährige, aber oft eben auch die dreijährige. Das kann dann schon auch richtig unangenehm werden. Unter Umständen sogar peinlich.

Solche Erlebnisse hat niemand gern. Aber glücklicherweise können wir etwas tun, um derlei Erfahrungen zu verhindern. Wir können dem Teil in uns, der für Rambazamba gesorgt hat, das geben, was er früher nicht bekommen hat. Wir können als erwachsener Mensch für unser jüngeres Ich einstehen, es in den Arm nehmen und trösten. Wir können ihm klar machen, wie sehr wir es liebhaben und was für ein toller Mensch es ist.

Ich bitte dich diese Woche deshalb, dir selbst einen Brief zu schreiben oder besser gesagt einer früheren Version von dir einen Brief zu schreiben. Schreibe deinem kindlichen Ich einen Brief und beginne ihn mit den Worten ‚Mein liebster Schatz‘.

Stelle dir vor, wie du selbst als kleines Kind in einem Augenblick einen solchen Brief bekommen hättest, in dem du ganz allein in deinem Zimmer auf deinem Bett gesessen hast, mit hängendem Kopf, tränennassen Wangen und bärengroßer Verzweiflung in deinem kleinen Herzen. Stelle dir vor, welcher Worte es bedurft hätte, damit du dich damals besser gefühlt hättest, damit du gewusst hättest, wie wertvoll, wie richtig du bist. Schreibe genau diese Worte in den Brief an dich. Worte, die deine Wunden heilen. Worte, die deine Seele wieder leichter machen. Worte voller Zuneigung und Liebe an dich.

Wenn du wieder in eine Situation kommen solltest, in der dir die Welt zu groß wird, schreibe erneut einen liebevollen Brief an dich. Jedes deiner unzähligen vergangenen Ichs, das sich in dem ein oder anderen Moment überfordert gefühlt hat, wird sich über deine Zuwendung und deinen weisen Rat freuen.

Freiraum

monat   kw

. . . .

montag

. . . .

dienstag

. . . .

mittwoch

. . . .

donnerstag

. . . .

freitag

. . . .

samstag

. . . .

sonntag

Die Person, die du sein wirst, wird dich viel kosten: materielle Dinge, Orte und Beziehungen. Entscheide dich für dich!

Gute Fehler

Im vergangenen Monat hattest du die Aufgabe, Menschen, die dir durch ihr Verhalten in deiner Selbstwahrnehmung geschadet haben, zu verzeihen. Keine besonders leichte Aufgabe, aber du hast sie geschafft. Was wäre, wenn ich dich nun bitten würde, dir selbst einen Fehler zu verzeihen?

Schließe doch bitte kurz die Augen und denke an den größten Fehler deines Lebens zurück. Was wäre, wenn ich dich bitten würde, dir den größten Fehler, den du je begangen hast, der dir auch jetzt noch die Tränen in die Augen, Wut in den Bauch oder Schamesröte ins Gesicht treibt, zu verzeihen? Unmöglich? Nicht für dich.

Deine Aufgabe in dieser Woche besteht aus zwei Teilen. Als erstes schreibe all die Fehler deiner Vergangenheit auf, die dir auch heute noch nachhängen.

_____

_____

_____

_____

_____

_____

_____

Dann denke darüber nach, was du aus diesen Fehlern gelernt hast. Und jetzt danke dir selbst für das, was du daraus gelernt hast. Lass mich dir ein Beispiel geben:

Ich habe früher einen meiner Ex-Freunde betrogen. Obwohl ich zu der Zeit psychisch sehr krank war und mein Ex-Freund alles andere als gut mit mir umgegangen ist, bereue ich manchmal jetzt noch, was ich ihm damit angetan habe. Trotzdem habe ich dadurch überhaupt erst gelernt, welch großen Schaden ein kurzer unbedachter Moment ausrichten kann und dass man manche Dinge nicht wieder ungeschehen machen kann, so gern man es vielleicht auch möchte. Dadurch bin ich mittlerweile viel achtsamer in meinen Handlungen geworden. Ich habe ein deutlich größeres Bewusstsein dafür, welche Konsequenzen mein Verhalten haben könnte. Lieber würde ich mir beide Beine und Arme abhacken lassen, als etwas zu tun, was meinen Mann ernsthaft verletzen könnte. So schmerzhaft meine Erfahrungen auch waren, ich habe dadurch unglaublich viel gelernt.

Bei mir würde das Ganze also folgendermaßen aussehen:
In einer Beziehung fremdgehen: Ich danke mir für meinen Fehler, weil ich dadurch gelernt habe, dass ich meinem Mann für kein Geld der Welt durch mein unachtsames Verhalten Schaden zufügen werde.

Nun ist es an dir, dir deine Fehler zu vergeben. Notiere, für welche Lebenslehre du ihnen dankst.

Wenn du mit Schreiben fertig bist, dann schließe deine Augen, lächle mit deinem Gesicht, deinem Herzen, deinem ganzen Körper und danke dir selbst für jeden deiner Fehler. Wiederhole deinen Dank insgesamt drei- bis fünfmal, bis du das Gefühl von Dankbarkeit wirklich in dir spürst. Dann kümmerst du dich um deinen nächsten Fehler. Auch bei dieser Aufgabe bleibt dir die Anzahl der Wiederholungen im Lauf der Woche selbstverständlich frei überlassen.

Jetzt fehlt nur noch der zweite Teil der Wochenaufgabe. Der wird nicht vergessen. Beobachte dich im Alltag. Wie gehst du damit um, wenn dir ein Fehler unterläuft? Schwamm drüber und weiter? Oder hängt er dir nach? Wenn der Schwamm ihn wegwischen kann – bestens. Wenn dein Fehler dich verfolgt, dann gehört er in die Dankesliste. Frage dich also auch bei deinen alltäglichen Fehlern, was sie dich gelehrt haben und danke ihnen dafür in derselben Art, wie du es mit deinen vergangenen Fehlern getan hast.

So. Nun ist aber gut für die Woche. Du hast riesig viel geleistet. Nicht nur die Woche über, sondern den ganzen Monat. An dieser Stelle ist es wohl längst wieder an der Zeit, dass du dich ausgiebig selbst lobst. Klopf dir auf die Schulter, tätschle dir den Kopf und knuddel dich richtig ordentlich durch. Ein kleines Siegestänzchen oder eine anständige Gewinnerpose wären mit Sicherheit auch nicht verkehrt. Einfach mal gepflegt dich selbst feiern? Guter Plan! Ein wirklich guter Plan! Wie bist du denn darauf gekommen?

Phase 02

Bei mir ankommen

05 Einzigartigkeit

Einzigartigkeit kennt keinen Vergleich

Kommt dir die Situation bekannt vor? Du gehst in ein Modegeschäft. Schon beim Betreten des Ladens fällt dir ein umwerfendschönes Model in einem richtig hübschen Kleid auf einer Reklame auf. Dir ist sofort klar, dass du das Kleid unbedingt anprobieren musst. Richtige Kleidergröße und ab in die Kabine. Voll freudiger Erwartung schlüpfst du raus aus deinen Klamotten und rein ins Kleid – oder sollte ich besser sagen, zwängst dich ins Kleid.

Ein Blick in den Spiegel und du weißt, schön geht echt anders. Nicht nur, dass das Kleid an dir eher wie ein zu eng geratener Lumpensack wirkt – nein, diese beiden Beschreibungen schließen sich nicht gegenseitig aus – , das garstige Licht in der Umkleidekabine – keine Ahnung, wer sich das ausgedacht hat – lässt deine Dellen an Beinen und Po aussehen wie Mondkrater und deine vereinzelnden Speckröllchen wie wahre Speckschwaller. Zu wissen, dass das Licht in Kaufhausumkleidekabinen wahrscheinlich selbst einen gebräunten Spanier wie einen lebendigen Toten aussehen lässt und gnadenlos aus jedem noch so kleinen Mitesser den Pickel des Jahrtausends macht, sorgt nun auch nicht unbedingt dafür, dass du dich wirklich besser fühlst.

Eigentlich dachtest du, du hättest deinen Körper zu akzeptieren gelernt. Du rekapitulierst all deine Mahlzeiten der letzten Tage. Hättest wohl besser hier ein Weinchen und dort ein Stück Schokolade weglassen sollen. Ne Runde Sport mehr hätte bestimmt auch nicht geschadet.

Dann denkst du an deine Freundinnen mit ihren flachen Bäuchen, straffen Pos und schlanken Beinen. Deine Kollegin kommt dir in den Sinn. Die, die alle so umwerfend finden, mit ihren wunderschönen Haaren, ihren strahlenden Zähnen und ihrer elfengleichen Figur. Wenn du doch nur ein bisschen mehr wie sie und ein bisschen weniger du sein könntest. An ihr würde das Kleid bestimmt perfekt aussehen. Wenn du ehrlich bist, beneidest du sie insgeheim für ihr Aussehen, fühlst dich neben ihr fast ein bisschen minderwertig. Jemand, der so schön ist wie sie, kann ja nur glücklich und zufrieden sein. Wie sollte jemand auch nicht glücklich sein, wenn er aufgrund seines Aussehens so viel Bewunderung und Aufmerksamkeit erfährt.

Du kannst dir nicht im Entferntesten vorstellen, dass eben diese von allen bewunderte Kollegin vielleicht eine ihrer Freundinnen für die üppigere Oberweite, den runderen Po und die kleineren Ohren beneidet, sich selbst im Gegensatz zu dieser als unzulänglich betrachtet.

Vergleichen, vergleichen, immer nur vergleichen. Wir neigen dazu, uns mit allem und jedem zu vergleichen – mit Kolleginnen, Freundinnen und Schwestern, mit Models, Schauspielerinnen und Sängerinnen, mit Bekannten, Unbekannten und völlig Fremden. Und immer ziehen wir den Kürzeren, egal in welchem Vergleich. Bei über 7,5 Milliarden Menschen gibt es immer jemanden, der besser, schöner und erfolgreich ist. Preisverleihungen, Wettbewerbe, Turniere, Wahlen, Contests, Castings, Social Media, Noten, Rankings, Vergleichsportale… – Unsere Gesellschaft lebt vom Vergleich.

Schade eigentlich. Schade deshalb, weil wir mit unserer ganzen Vergleicherei den Blick für das Wesentliche verlieren – die Einzigartigkeit eines jeden Lebewesens. Die Natur ist so beschaffen, dass es jede Pflanze, jedes Tier und jeden Menschen genau ein einziges Mal auf diesem Planeten gibt. Das darfst du dir immer wieder klarmachen. Es gibt so unzählbar viele Lebewesen auf unserer Erde und doch gibt es jedes Lebewesen nur einmal. Wenn du mich fragst, ist das ein echtes Wunder.

Einzigartigkeit ist eines der Merkmale, die unser komplettes Leben bestimmen, die unser Ökosystem am Laufen halten. Jedes noch so kleine Lebewesen hat eine ganz bestimmte Aufgabe in diesem komplexen System und genau für diese Aufgabe wurde es mit seinen ganz bestimmten Fähigkeiten und Eigenschaften geboren und nicht anders. Jede kleine Änderung würde also einen Unterschied für das ganze Ökosystem bedeuten.

Da hat uns das Leben oder das Schicksal oder Gott oder wie auch immer du es nennen möchtest mit all den wunderbaren Eigenschaften, Merkmalen und Fähigkeiten ausgestattet, die sonst niemand anders hat außer uns, und wir haben nichts Besseres zu tun, als uns mit anderen zu vergleichen, sie zu beneiden und uns wertlos zu fühlen. Dabei haben wir alles, was wir für unsere Lebensaufgabe brauchen, bereits in uns.

Jetzt haben wir uns aber unter Umstände irgendwann in den Kopf gesetzt, dass wir eine erfolgreiche Sportlerin werden wollen, ohne zu merken, dass unser Körper gar nicht dafür geschaffen ist, dass unser Körper eigentlich mit einer ganz anderen Aufgabe auf die Welt gekommen ist. Blöderweise haben wir verlernt, in uns hineinzuhören, die Signale unseres Körpers richtig wahrzunehmen und ihnen auch Folge zu leisten. Lieber zwingen wir uns selbst zu etwas, das gar nicht für uns bestimmt ist, und wundern uns dann, warum wir nicht glücklich damit sind.

Wir beginnen an uns selbst zu zweifeln, suchen den Vergleich mit anderen, weil wir uns in dem was wir tun, unserer Selbst nicht bewusst sind. Woher sollen wir auch wissen, ob das, was wir tun, gut ist, wenn wir es wegen der Bestätigung anderer tun? Plötzlich brauchen wir den Vergleich, um zu wissen, dass wir gut sind, talentiert sind, schön sind. Können nur noch im Vergleich zu anderen unseren eigenen Wert ausmachen. Wir vergleichen uns mit Erfolgreicheren und versuchen, immer mehr zu sein wie sie, weil wir hoffen, dann einen ähnlichen Erfolg zu haben, wie sie. Dabei geben wir immer mehr von dem auf, was uns eigentlich ausmacht, und nähern uns immer mehr allgemeinen Idealen an. Zum Glück sind Ideale unerreichbar, sonst wären wir irgendwann eine Armee an Klonen – alle gleich schön, talentiert und erfolgreich.

Dass Dinge identisch aussehen und identisch funktionieren kommt nicht aus der Natur. Es ist ein reines Produkt der Massenfertigung. Die Natur hat keine Klone vorgesehen. Und wie mit allem kann die Antwort nicht in künstlich erzeugten Lösungen liegen, sondern nur in der Natur der Sache. Indem wir Geschöpfe der Natur und nicht der Industrie sind, können wir unser Glück auch nicht in Vergleichen mit anderen finden, sondern einzig und allein in der Wertschätzung unserer Einzigartigkeit. Wir sind Unikate. Also kann es für die Lösung unserer individuellen Probleme auch nur individuelle Wege geben. Kein Mensch und auch kein Buch kann dir sagen, wie du deinen Körper zu lieben lernst, wie du dein persönliches Glück finden kannst. Sie können dir möglicherweise Anreize geben, aber finden kannst nur du es.

Ui, Anreize. Das ist mein Stichwort. Lass mich dir diesen Monat Anreize geben, damit du deine Einzigartigkeit entdeckst. Falls ich's noch nicht erwähnt habe: Guter Plan, ein wirklich sehr guter Plan!

Neues Altes

Jeder Mensch ist absolut einzigartig. So weit waren wir bereits. Jeder Mensch hat einzigartige Talente und Fähigkeiten. Auch das dürfte durchgeklungen sein. Heißt für dich: Du bist ein absolut einzigartiger Mensch mit absolut einzigartigen Fähigkeiten. Du hast Fähigkeiten, die dir sehr vertraut sind, weil du jeden Tag mit ihnen zu tun hast. Aber ich wette, du hast mindestens nochmal genauso viele Fähigkeiten, die ungenutzt ihr Dasein fristen.

Denk doch allein mal an deine Kindheit zurück und was du alles getrieben hast. Vielleicht bist du ja reiten gewesen, hast Ballett getanzt oder Fußball gespielt. Oder du warst im Schlagzeugunterricht und hast regelmäßig gemalt. Oder du hast Töpferkurse genommen und warst bei den Pfadfindern. Wahrscheinlich hast du mittlerweile keine Zeit mehr für diese Dinge, weil dich dein Alltag stark unter Druck setzt. Aber insgeheim sehnst du dich häufig in die guten alten Zeiten zurück, in denen du noch mehr Möglichkeiten hattest, deinen eigenen Interessen nachzugehen.

Ich verrate dir etwas: Diesen Monat ist es endlich an der Zeit, dass du dich wieder mehr um deine ungenutzten Fähigkeiten kümmerst. Dazu darfst du dir als aller erstes Gedanken darüber machen, welche deiner unzähligen Fähigkeiten schon lange nicht mehr oder gar noch nie richtig zum Einsatz gekommen sind. Schreib bitte alles auf, was dir einfällt. Es geht dabei nicht darum, dass du wie Bach oder Beethoven Klavier spielen musst, damit Klavier spielen als eine deiner Fähigkeiten durchgehen kann. Selbst wenn du nur *Alle meine Entchen* spielen kannst, dabei aber super erfüllt bist, gehört Klavier spielen zu deinen Fähigkeiten. Hier ist kein Platz für zu hohe Ansprüche.

Wenn du deine Liste fertig hast, überlege dir bitte, welche dieser vergessenen Fähigkeiten dir am meisten am Herzen liegt (markiere sie ruhig bunt), und finde einen Weg, ihr einen neuen Raum in deinem Leben zu geben. Wenn du beispielsweise einen Beruf hast, in dem du fast ausschließlich mit dem Kopf arbeitest, wäre es durchaus sinnvoll, einer deiner kreativen Fähigkeiten nachzugehen. Wenn du wiederum sehr viel körperlich arbeitest, darfst du deinem Kopf wieder ein bisschen mehr zu tun geben.

Deine Einzigartigkeit als Mensch wird durch deine unterschiedlichen Facetten bestimmt. Gib jeder deiner Facetten ihre Freiheit, ohne zu viel von dir zu verlangen. Es ist ja auch niemandem damit geholfen, wenn du jeden Tag der Woche nur noch unterwegs bist, weil du jeden Abend einem anderen Hobby nachgehst. Auch hier braucht es die gesunde Mischung zwischen Aktivität und Ruhe. Und nur du kannst diese gesunde Mischung für dich bestimmen.

Egal also, ob du dich diesen Monat zu einem regelmäßigen oder einmaligen Volkshochschulkurs anmeldest oder dir ein Zeichenbuch für daheim kaufst, um ab und zu mal wieder ein bisschen mit dem Bleistift zu hantieren, leite diesen Monat alles in die Wege, um einer deiner schlummernden Fähigkeiten wieder Leben einzuhauchen.

monat   kw

montag

dienstag

mittwoch

donnerstag

freitag

samstag

sonntag

Feier deine Einzigartigkeit!

Einzigartig einzigartig

Was denkst du, wie viel Zeit du damit verbringst, dich mit anderen zu vergleichen und wie viel Zeit damit, dich mit dem auseinanderzusetzen, was dich als Mensch einzigartig macht? Oder lass mich die Frage nochmal umformulieren: Wann hast du dich das letzte Mal mit jemandem verglichen? Und wann hast du dir das letzte Mal Zeit dafür genommen, dir Gedanken darüber zu machen, was dich als Mensch ausmacht, was dich besonders, einzigartig macht?

Mir ist bewusst, dass der Vergleich mit anderen seine Berechtigung hat. Indem man andere Menschen beobachtet, ihr Verhalten, ihr Sein mit dem eigenen vergleicht, lernt man viel über sich selbst. Leider neigen wir häufig dazu, uns ungesund zu vergleichen. Weil wir uns entweder mit den Besten der Besten vergleichen oder aber uns selbst im Vergleich abwerten. Wir sehen an der Person, mit der wir uns vergleichen, nur noch die positiven oder besser gesagt die positivsten Eigenschaften, die wir bewundern, lassen alle Mankos unter den Tisch fallen und machen so gedanklich aus ihr eine Art perfekten Supermenschen, neben dem wir mit unseren Ecken und Kanten nur verlieren können.

Die andere Seite des Vergleichs, in der wir uns über jemanden stellen, ist nicht zwangsläufig besser für unser Selbstwertgefühl. Unzählige Realityformate im Fernsehen funktionieren genau nach diesem Prinzip. Es werden Menschen vor laufender Kamera vorgeführt, damit der Zuschauer denken kann: ‚Im Gegensatz zu diesen armseligen Gestalten führe ich ja echt ein perfektes Leben.' Will man sein eigenes Selbstwertgefühl wirklich auf dem abwertenden Vergleich mit Menschen aufbauen, denen es vielleicht nicht so gut geht wie einem selbst?

Wir werden häufig nicht zuletzt von den Medien dazu verleitet, zwischen den Extremen zu schwanken, von denen uns weder das eine noch das andere guttut. Was ist aber überhaupt ein gesunder Vergleich und wie kommen wir dazu?

Die eine Seite des gesunden Vergleichs hängt damit zusammen, wie wir den anderen wahrnehmen. Dazu müssen wir ihn so offen und neutral wie möglich erfassen, ohne direkt alles zu bewerten. Wir müssen den anderen mit allen positiven und negativen Attributen sehen. Erst dann können wir uns eine eigene Meinung bilden und herausfinden, welche Aspekte für unser eigenes Handeln wichtig sind. Dabei geht es aber eben nicht darum, das Verhalten von jemandem eins zu eins zu kopieren, sondern das Verhalten des anderen als eine Art positive Inspirationsquelle für sich zu nutzen. Womit wir bei der anderen Seite des gesunden Vergleichs wären.

Denn um sich gesund vergleichen zu können, braucht es eine gute Beziehung zu sich. Nur wer sich seiner selbst sicher ist, um seine Talente und Macken weiß, wer sich annehmen kann wie er ist, kann sich mit anderen messen, ohne sich dabei zu schaden. Weil er weiß, wenn er in bestimmten Bereichen noch Nachholbedarf hat, in denen andere deutlich besser sind als er, dass er selbst deshalb im Vergleich zu den anderen kein weniger wertvoller Mensch ist. Er weiß, dass jeder Mensch auf seine eigene Art absolut einzigartig ist – mit allen guten und weniger guten Seiten. Er weiß, dass *er selbst* absolut einzigartig ist – mit allen guten und weniger guten Seiten.

Die Fragen, die es diese Woche für dich zu beantworten gilt, sollen dir dabei helfen, ein besseres Bewusstsein für dich und deine Einzigartigkeit zu entwickeln.

1. Was macht dich als Mensch aus?

_____
_____
_____
_____
_____
_____

2. Welche besonderen Eigenschaften sehen andere an dir?

_____
_____
_____
_____
_____

3. Welche Schattenseiten hast du?

_____
_____
_____
_____
_____

4. Was magst du überhaupt nicht?

_____

_____

_____

_____

_____

5. Welche liebenswerten Macken an dir bringen dich selbst und andere zum Lachen?

_____

_____

_____

_____

6. Was rührt dich zu Tränen?

_____

_____

_____

_____

7. Was fällt dir viel leichter als anderen?

_____

_____

_____

_____

_____

_____

8. Wobei kannst du wieder ganz Kind sein?

_____

_____

_____

_____

_____

Freiraum

monat	kw	
montag		
dienstag		
mittwoch		
donnerstag		
freitag		
samstag		
sonntag		

Sei du selbst.
Mehr musst du gar nicht tun.
– Robert Deiss –

Herzenssachen

Vor gar nicht allzu langer Zeit hat es mich mal wieder in den Keller zum Ausmisten verschlagen. Keine besonders schöne Aufgabe, wenn du mich fragst – zu viel Staub, zu viel Spinnen und viel zu viel Gerümpel. Und doch sind zwischen den Kisten und all dem Kram, den eigentlich kein Mensch mehr braucht, auch immer wieder diese kleinen magischen Momente versteckt. Wenn einem das alte Lieblingskuscheltier in die Hände fällt, um Hallo zu sagen, oder eines der Boyband-Poster, die früher die Zimmerwände tapeziert haben. Ich hatte einen dieser magischen Momente, als mein altes Freundschaftsbuch plötzlich wieder aufgetaucht ist, in das ich seit über 15 Jahren keinen Blick mehr geworfen habe.

All die netten Fragen, auf die ich als Kind noch eine Antwort hatte. Was ist dein Lieblingstier? Welche Farbe findest du am schönsten? Welches Schulfach magst du am liebsten? Als Kind musste ich nicht lang überlegen, um eine Antwort zu wissen. Wenn ich mir heutzutage darüber Gedanken mache, muss ich feststellen, dass ich gar nicht richtig weiß, was ich am liebsten mag.

Woran das wohl liegt? Gefallen mir mittlerweile einfach so viele Dinge, dass ich gar keine Favoriten mehr habe? Bin ich als Erwachsener zu erwachsen, um Lieblingstiere oder Lieblingsfarben zu haben? Werde ich so überflutet von all den Sinneseindrücken jeden Tag, dass ich dazu zu gleichgültig geworden? Oder mache ich mir einfach zu wenig Gedanken über die Dinge, die mein Herz berühren?

Was könnte es denn für eine schönere Aufgabe geben, um sich selbst besser kennenzulernen, als sich Gedanken über das zu machen, was einem am Herzen liegt? Lass uns diese Woche doch mal eine kleine Reise zurück in die Zeit der Freundschaftsbücher machen und uns selbst Fragen zu unseren Vorlieben beantworten. Wer weiß, vielleicht überraschst du dich selbst ja ein bisschen.

1. Meine 5 Lieblingsfarben:

2. Meine 5 Lieblingslieder:

3. Meine 5 Lieblingsbücher:

4. Meine 5 Lieblingsfilme:

5. Meine 5 Lieblingsorte:

6. Meine 5 Lieblingsessen:

7. Meine 5 Lieblingspflanzen:

8. Meine 5 Lieblingstiere:

9. Meine 5 Lieblingsmenschen: _____

_____

_____

_____

_____

10. Meine 5 Lieblingsdinge: _____

_____

_____

_____

_____

11. Meine Glückszahl: _____

12. Meine Hobbies: _____

_____

_____

_____

13. Meine liebste Zeit des Jahres: _____

_____

14. Das bringt mich immer zum Lachen:

_____

_____

_____

_____

15. Der schönste Brief, den ich je erhalten habe:

_____

16. Mein grösster Schatz:

_____

17. Mein Lebensmotto:

_____

_____

monat   kw

montag

....

dienstag

....

mittwoch

....

donnerstag

....

freitag

....

samstag

....

sonntag

Wanting to be someone else
is a waste of who you are.
- Kurt Cobain -

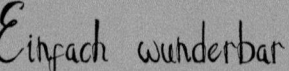

Einfach wunderbar

Aufrichtige Komplimente sind wie kleine Geschenke für Herz und Seele. Und doch bringen sie uns schnell mal in Verlegenheit. Wie oft schon habe ich einen heißen Kopf bekommen, weil mir jemand ein Kompliment gemacht hat.

Es ist nicht immer ganz leicht auszuhalten, wenn jemand anderes, vielleicht sogar jemand, den man gar nicht so gut kennt, uns für einen Moment aufrichtig seine volle Aufmerksamkeit zukommen lässt. Durch das Kompliment werden wir uns unserer Selbst bewusst in einer Art und Weise, wie wir es im Alltag nicht unbedingt gewohnt sind. Wir nehmen unsere Einzigartigkeit durch die Augen einer anderen Person in einer so direkten Form wahr, wie wir uns selbst es womöglich gar nicht zugestehen würden. Nicht zuletzt, weil wir als Frauen ja gelernt haben, wie wichtig Bescheidenheit ist.

Und trotzdem sind ehrliche, tiefgründige Komplimente genau deshalb so wichtig. Weil sie uns immer wieder an unsere Einzigartigkeit erinnern, wenn wir es uns selbst zu leicht machen, sie zu vergessen.

Nimm dir doch diese Woche bitte etwas Zeit, um dich an die sieben rührendsten Komplimente zu erinnern, die du je bekommen hast. Versuche dir all die Situationen in deinem Leben ins Gedächtnis zu rufen, in denen jemand, egal ob bekannt oder unbekannt, dich für etwas gelobt hat, das du besonders gut gemacht hast oder das dich als Mensch einzigartig macht. Schreibe all diese Komplimente auf, gern auch mehr als sieben, und unterstreiche das Kompliment, das dir am allerwichtigsten von allen ist.

Meine schönsten Komplimente

❖ ....
....

❖ ....
....

❖ ....
....

❖ ....
....

❖ ....
....

❖ ....
....

❖ ....
....

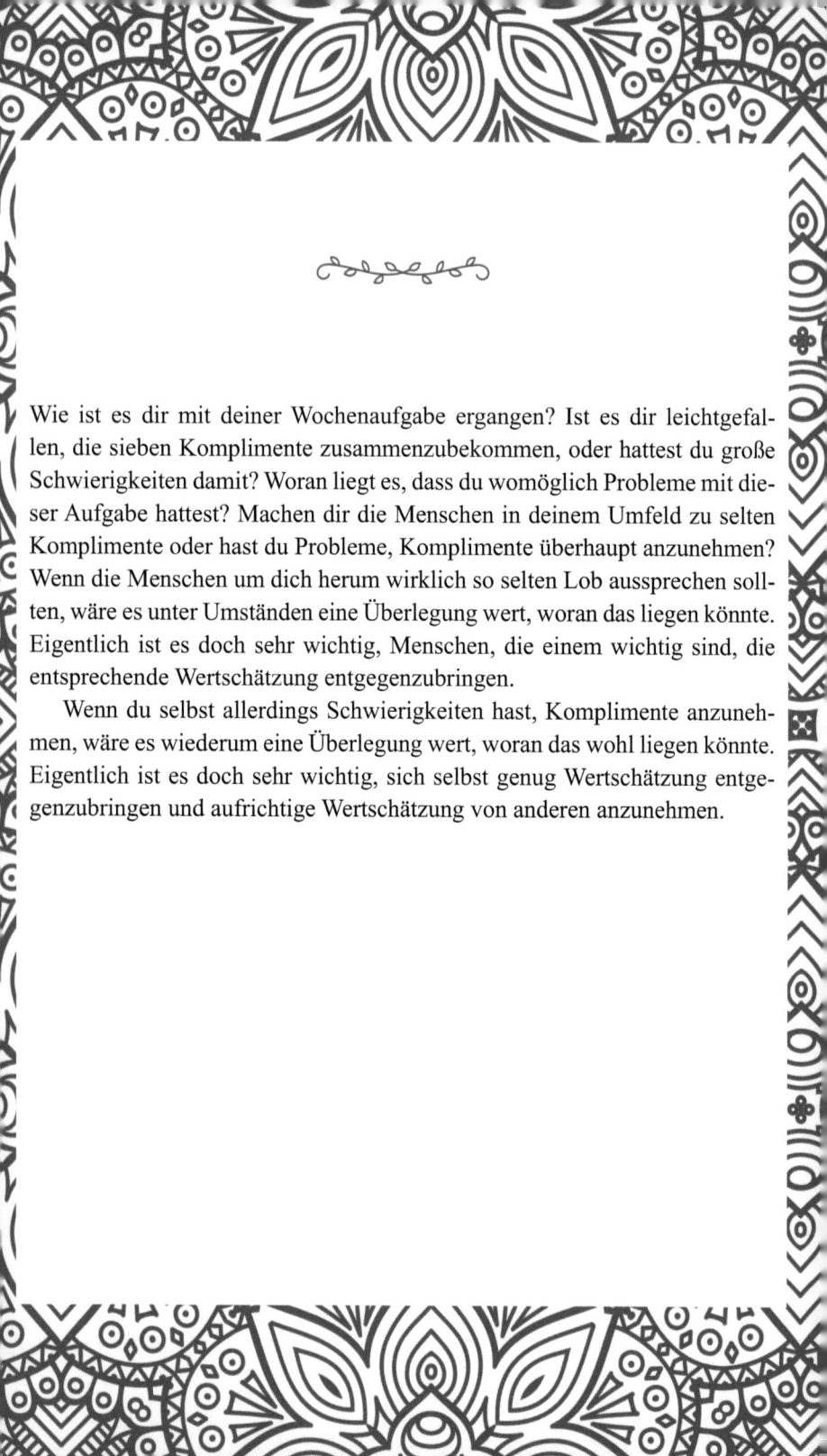

Wie ist es dir mit deiner Wochenaufgabe ergangen? Ist es dir leichtgefallen, die sieben Komplimente zusammenzubekommen, oder hattest du große Schwierigkeiten damit? Woran liegt es, dass du womöglich Probleme mit dieser Aufgabe hattest? Machen dir die Menschen in deinem Umfeld zu selten Komplimente oder hast du Probleme, Komplimente überhaupt anzunehmen? Wenn die Menschen um dich herum wirklich so selten Lob aussprechen sollten, wäre es unter Umständen eine Überlegung wert, woran das liegen könnte. Eigentlich ist es doch sehr wichtig, Menschen, die einem wichtig sind, die entsprechende Wertschätzung entgegenzubringen.

Wenn du selbst allerdings Schwierigkeiten hast, Komplimente anzunehmen, wäre es wiederum eine Überlegung wert, woran das wohl liegen könnte. Eigentlich ist es doch sehr wichtig, sich selbst genug Wertschätzung entgegenzubringen und aufrichtige Wertschätzung von anderen anzunehmen.

monat   kw

montag

dienstag

mittwoch

donnerstag

freitag

samstag

sonntag

You have no competition.
There is only one you.

Sternenstunden

Der Weg zu sich selbst ist nicht immer der Einfachste. Neben all den schönen und überraschenden Momenten gibt es auch immer wieder Augenblicke, die einen zweifeln lassen oder traurig machen. Man weiß nicht mehr, warum man sich überhaupt auf den Weg begeben hat. Ob es sich eigentlich noch lohnt, was man hier tut. Man könnte es so viel leichter haben und einfach weitermachen, wie bisher, statt sich den eigenen Schatten zu stellen. Das Wissen, dass man irgendwann für seinen Mut belohnt wird, hilft in solchen Situationen auch nicht unbedingt weiter.

In diesen Momenten tut es gut, sich daran zu erinnern, was du in deinem Leben schon alles gemeistert und erreicht hast. Du hast deinen ersten großen Herzschmerz überlebt, deine ersten Kochversuche und jegliche deiner modischen Verirrungen. Es gibt so viel, worauf du stolz sein darfst. Mach dir bewusst, welche schwierigen Phasen du schon überwunden hast. Du bist ein ganz besonderer Mensch, sonst würdest du nicht da stehen, wo du jetzt stehst. Niemand hat geschafft, was du geschafft hast.

Nutze die Fragen diese Woche doch bitte dazu, auf dein Leben zurückzuschauen und dich an deine Sternenstunden zu erinnern. Dir die Situationen ins Bewusstsein zu rufen, die dein Leben bisher geprägt, dich stärker gemacht oder besonders berührt haben.

Wenn du in Zukunft einen Moment haben solltest, in dem du am liebsten alles hinwerfen möchtest, werfe einen Blick auf deine Antworten. Denn dann weißt du wieder, wie stark du eigentlich bist und wie stolz du auf dich und dein Leben sein darfst. Dein Leben ist genauso einzigartig wie du. Und du bist so einzigartig, weil du so ein einzigartiges Leben führst.

1. Was war dein grösstes Abenteuer?

2. Was war dein lustigstes Erlebnis?

3. Was hat dich in deinem Leben am meisten überrascht?

4. Was war das schönste Geschenk, das du bekommen hast?

5. Für welche Erfahrung bist du in deinem Leben am dankbarsten?

_____

_____

_____

_____

6. Was sind die Highlights deines Lebens?

_____

_____

_____

_____

7. Was war das höchste Risiko, das du bisher eingegangen bist und auch
bewältigt hast?

_____

_____

_____

8. Was war die schwierigste Situation, die du je gemeistert hast?

_____

_____

_____

_____

9. Was war das Wichtigste, das du je gelernt hast?

_____

_____

_____

_____

10. Wer oder was war der härteste Lehrmeister deines Lebens?

_____

_____

_____

_____

11. Was war der grösste Erfolg deines Lebens?

_____

_____

_____

_____

12. Bei was empfindest du den grössten Stolz?

_____

_____

_____

_____

monat   kw

montag

dienstag

mittwoch

donnerstag

freitag

samstag

sonntag

Die Dinge, die mich anders machen,
sind die Dinge, die mich ausmachen.
- Winnie the Pooh -

Einzigartige Interviews

Wenn ich dich fragen würde, warum du die Menschen in deinem Umfeld so sehr schätzt, könntest du mir wahrscheinlich problemlos eine Antwort geben. Du weißt, warum du viel Wert auf den Rat deiner Eltern legst. Du weißt, warum du dich für deinen Partner entschieden hast. Und du weißt, warum deine Freunde deine Freunde sind. Aber weißt du auch, was die Menschen um dich herum an dir schätzen, was sie an dir einzigartig finden?

Die wichtigste Meinung über dich ist zwar deine eigene, trotzdem hilft es, das eigene Selbstverständnis zu erweitern, indem man ab und zu auch eine andere Meinung einholt – am besten von Menschen, denen man vertraut. Oft können sie einen objektiver bewerten, als man selbst es kann, weil sie deutlich weniger kritisch sind, als man es mit sich selbst ist. Dinge, die man an sich als Manko empfindet, sind für nahestehende Menschen liebenswürdige Eigenheiten. Und Schwächen, dir wir an uns erkennen, sind für andere kaum der Rede wert.

Diese Woche soll dir die Möglichkeit geben, deinen Horizont in Hinblick auf dich selbst zu erweitern und mindestens fünf Menschen, denen du vertraust, in einem Kurzinterview eine Frage zu stellen:

Was macht mich für dich einzigartig?

Es bleibt dir überlassen, ob du die Frage im persönlichen Gespräch stellst oder per Email. Im persönlichen Gespräch könnt ihr euch eventuell besser darüber austauschen, in einer Email kann sich die Person in Ruhe Gedanken machen. Es gibt also kein richtig und kein falsch. Hör auf dein Bauchgefühl und setzte die Aufgabe so um, wie es dir am besten passt.

Mach dir auch bitte keine Gedanken, ob jemand seltsam auf deine Anfrage reagieren könnte. Wenn du den Menschen, die dir wichtig sind, erklärst, weshalb du eine doch recht ungewöhnliche Bitte an sie stellst, werden sie dir mit Sicherheit gern helfen. Und wenn nicht, sagst du ihnen einfach, sie mögen sich bei mir beschweren.

Was macht mich einzigartig für dich?

❖ _____

_____

❖ _____

_____

❖ _____

_____

❖ _____

_____

❖ _____

_____

Wie ist es dir mit der aktuellen Wochenaufgabe ergangen? Ich kann mir gut vorstellen, dass die Umsetzung der Übung zu Beginn vielleicht ein bisschen Überwindung gekostet hat. Ich bin mir aber auch sicher, dass du ganz wunderbare Antworten auf deine Frage bekommen hast. Waren die Aussagen deiner verschiedenen Interviewpartner deckungsgleich oder hat jeder von ihnen andere Dinge benannt? Stimmen die Ansichten der anderen mit deiner eigenen Wahrnehmung überein oder bist du sogar das ein oder andere Mal überrascht worden? Ich freue mich in jedem Fall für dich, dass du den Mut hattest, dich den Meinungen anderer zu stellen. Du weißt ja selbst gut genug, dass Komplimente einen manchmal mehr aus der Reserve locken können als Kritik.

06 Selbstbewusstsein

Selbstbewusstsein braucht keine Zuschauer

Früher habe ich geglaubt, es sei besonders selbstbewusst, wenn ich mich in Unterwäsche oder Bademode auf Fotos der Öffentlichkeit präsentiere, obwohl mein Körper nicht den aktuellen Schönheitsidealen entsprach. Die Aufmerksamkeit, die ich für diese Bilder in Form von Likes, Kommentaren und neuen Followern bekommen habe, war für mich die Bestätigung, auf dem richtigen Weg zu sein. Ich habe mich stark und schön gefühlt – zumindest für den Augenblick. Irgendwann lässt die Aufmerksamkeit für so ein Bild allerdings nach, weil jeder das Bild schon mal gesehen hat oder auch einfach nur, weil eine andere Frau durch ihr frisch gepostetes Bild das Interesse von dir abzieht. Mit sinkender Bewunderung verschwindet dann allerdings auch das Hochgefühl und macht einer neuen Empfindung Platz – der Leere.

Wenn ich früher durch die Stadt gelaufen bin, extra schön hergerichtet mit einem auffälligen Outfit, Wahnsinnsschuhen, perfektem Makeup und Haaren, konnte ich gar nicht genug kriegen von den Blicken anderer. Ich habe mich schön und begehrenswert gefühlt. Also wollte ich auch, dass die anderen mich sehen können. Die Bewunderung fremder Menschen, die sich drehenden Köpfe von Männern bestätigten mich in meinem Wesen. Sie stellten sozusagen meine amtliche Beglaubigung dar, eine hinreißende, selbstbewusste und selbstbestimmte Frau zu sein.

Was aber, wenn ich einen schlechten Tag hatte? Wenn ich mich unwohl in meiner Haut fühlte, am liebsten niemandem aufgefallen wäre, die Menschen aber trotzdem schauten, allein schon, weil ich so groß war? Dann sorgten die Blicke der anderen dafür, dass ich mich noch schlechter fühlte und noch größere Selbstzweifel bekam.

Wahrscheinlich hast du auch schon häufiger Erfahrungen damit gemacht, welchen Einfluss das Verhalten anderer auf die eigene Selbstwahrnehmung haben kann. Kennst die positiven Aspekte von Aufmerksamkeit und die negative Wirkung von Zurückweisung. Du wirst nur allzu gut wissen, wie unvorhersehbar und wechselhaft das Verhalten von Menschen sein kann.

Was macht das mit einem, wenn man sein Selbstbewusstsein in erster Linie auf der Anerkennung anderer aufbaut? – In gewisser Weise abhängig. Sich selbstbewusst zu fühlen ist ein angenehmes Gefühl. Und von angenehmen Gefühlen wollen wir in der Regel gern mehr. Wenn ich allerdings fremde Menschen brauche, um mich selbstbewusst zu fühlen, bin ich von ihnen abhängig, um diese Empfindung überhaupt hervorrufen zu können. Das Abhängigkeiten nicht besonders wünschenswert sind, ist kein wirklich großes Geheimnis.

Dabei steckt in dem Wort Selbstbewusstsein eigentlich nur eine Person. Wenn man von dem Wort ausgeht, bedeutet Selbstbewusstsein nichts mehr, als sich seiner Selbst bewusst zu sein. Selbstbewusstsein braucht also gar keine anderen Menschen, sondern ausschließlich sich selbst. Um selbstbewusst zu sein, muss ich mir darüber bewusst sein, wer ich bin, was mich ausmacht und welche Fähigkeiten ich habe. Auch dafür braucht es nicht die Bestätigung von außen, sondern viel eher den Blick nach innen.

Prinzipiell lässt sich also sagen, dass je mehr ich meinen Blick nach außen richte, mich an anderen orientiere, mich vergleiche und versuche, anderen zu gefallen, desto weniger selbstbewusst kann ich nur sein. Im Umkehrschluss würde das bedeuten, um wirklich selbstbewusst zu sein, brauche ich immer wieder den Abstand von der Außenwelt, um mich auf mich zu besinnen, mich wahrnehmen zu können.

Leichter gesagt als getan. Vor allem wenn man daran denkt, wie schnell, laut und bunt unsere Gesellschaft ist. Wie soll man sich auf sich selbst besinnen bei all den Informationen, die täglich auf einen einprasseln, bei all den Bildern, von denen wir immerzu überschwemmt werden, und bei all den Menschen, die Tag aus Tag ein die Welt von sich überzeugen wollen? Wie soll man dabei seine innere Stimme verstehen können, die so leise ist, dass man ganz genau hinhören muss, um überhaupt etwas zu hören?

Zumal uns ja schon in der Schule weißgemacht wird, wie wichtig es ist, dass man sich zeigt. Gute mündliche Noten bekommt man nur, wenn man auch etwas zu sagen hat. Wer lieber über die Probleme der Welt still vor sich hin grübelt, anstatt die erst beste Antwort heraus zu plärren, der hat verloren. Egal ob im Job oder in der Freizeit, irgendwie scheint es immer darum zu gehen, sich selbst in das bestmögliche Licht zu rücken.

Dank Smartphones und Social Media haben wir heutzutage nochmal eine ganze Menge mehr Möglichkeiten, uns zu inszenieren. So können wir uns noch besser überlegen, wie wir von der Welt gesehen werden sollen. Wir können genau festlegen, was wir anderen von uns zeigen, dass sie einen möglichst guten Eindruck von unserer Schokoladenseite bekommen. An Inszenierung ist ja auch überhaupt nichts verkehrt, so lange sie authentisch ist. Wenn es zu künstlich wirkt, hat es mit dem echten Leben nichts mehr zu tun. Und echt möchte man schon noch rüberkommen.

Wenn man aber anfängt darüber genauer nachzudenken, dann schwirrt einem der Kopf. Eine authentische Inszenierung macht genauso viel Sinn wie ein guter Teufel. Wenn etwas authentisch ist, ist es echt, glaubwürdig, ursprünglich. Wenn etwas inszeniert ist, ist es geplant, durchdacht, künstlerisch gestaltet. Jetzt rate mal, was im Wörterbuch das Gegenteil von authentisch ist. Richtig, inszeniert. Wenn ich also die ganze Zeit damit beschäftigt bin, mich selbst und mein Leben zu inszenieren, dann bleibt gar keine Zeit mehr dafür, authentisch ich selbst und mir meiner Selbst bewusst zu sein.

Es führt also kein Weg daran vorbei, immer wieder Abstand von einer Gesellschaft zu bekommen, in der es darum geht, sich so laut wie möglich selbst zu inszenieren und zu vermarkten, um möglichst viel Aufmerksamkeit zu bekommen. Selbstbewusstsein ist leise, nur Unsicherheit ist laut. Also gönn dir diesen Monat immer wieder kleine Auszeiten, um zu schauen, was dich ausmacht und was dein Herz und deine Seele wirklich wollen. Dann wirst du andere Menschen nicht mehr als bewundernde Zuschauer, sondern nur noch als echte Freunde brauchen.

Rosarote Flauschezonen

Selbstbewusstsein geht Hand in Hand mit Selbstakzeptanz und Selbstvertrauen. Um mir meiner selbst bewusst zu sein, sollte ich mich akzeptieren wie ich bin. Ich brauche aber auch das Vertrauen in mich und meine Fähigkeiten. Je öfter wir bestimmte Dinge tun, je öfter wir bestimmte Situationen gemeistert haben, desto größeres Vertrauen haben wir in uns, dass wir damit umgehen können. Wir wissen, selbst wenn die Dinge anders laufen sollten als erhofft, sind wir routiniert genug, um auch damit umgehen zu können.

Was unser Selbstvertrauen und damit auch unser Selbstbewusstsein wirklich ins Wanken bringen kann, sind Ereignisse, die sich komplett unserem Handeln entziehen, weil sie entweder unsere Fähigkeiten übersteigen oder weil sie uns völlig unvorbereitet auf dem falschen Fuß erwischen und uns in so ein heilloses Chaos stürzen, dass wir uns danach wünschen, nie mehr das Haus verlassen zu müssen. Aber auch aus solchen Situationen können wir gestärkt und selbstbewusster hervorgehen. Nämlich dann, wenn wir merken, dass wir auch dieses Ereignis überlebt haben.

Alles, was dir im Leben passiert, kann entweder dafür sorgen, dass du verzweifelst und endgültig aufgibst oder, dass du anfangs zwar verzweifelst, aber dann mit neuem Mut gestärkt daraus hervorgehst. Jedes Erlebnis in deinem Leben hat das Potenzial, ein guter oder sogar ein verdammt guter Lehrmeister zu werden. Und du entscheidest darüber.

Die schwierigsten Situationen sind meist die allerbesten Lehrmeister. Das heißt nicht, dass es nicht auch lilalaunebärige Situationen im Leben geben darf. Immerhin brauchst du auch immer wieder Augenblicke, um dich zu erholen, zur Ruhe zu kommen und das Gelernte sacken zu lassen. Aber um persönlich zu wachsen und Vertrauen zu dir zu entwickeln, darfst du auch immer wieder einen kleinen Schritt oder zwei aus deiner rosaroten Flauschezone herauswagen.

Du darfst dich den Herausforderungen des Lebens stellen, um daran zu wachsen. Und damit meine ich nicht, dass du dir selbst Aufgaben stellst, die dich halbwahnsinnig machen vor Angst, nur um dir zu beweisen, wie hart du zu dir sein kannst. Ich glaube nicht daran, dass man nur wachsen kann, wenn man besonders hart zu sich selbst ist – ganz im Gegenteil. Ich glaube, wenn man sich ständig überfordert, indem man sich von einer Extremsituation in die nächste bringt, dass man schnell seine eigene Persönlichkeit aufgibt. Nicht jeder kann alles und das ist auch gut so. Nicht jeder muss alles können. Anstatt sich selbst zu etwas zu zwingen, was einem überhaupt nicht liegt, darf man doch viel lieber das fördern, was einem besonders gut liegt.

Was hältst du davon, dir diesen Monat Gedanken darüber zu machen, an welcher Stelle du deine Komfortzone wohl hin und wieder für eine Weile verlassen könntest, um dich weiterzuentwickeln? Welche Wünsche und Träume hast du in deinem Leben, die du nur deshalb nicht umsetzt, weil dir noch ein klein wenig Mut fehlt?

Schreibe zunächst all die Wünsche und Träume auf, die dir wirklich am Herzen liegen. Dann überlege dir, welcher dieser Wünsche dir der Wichtigste ist, und wie du ihn wohl erreichen könntest, wenn du nur deine Komfortzone verlassen würdest!

Ich denke beispielsweise schon lange darüber nach, einen Roman zu schreiben. Was mich unter anderem davon abhält ist mein fehlendes Vertrauen in meine eigenen Fähigkeiten, eine Geschichte über mehrere hundert Seiten zu erzählen. Wie soll ich aber wissen, ob ich eine Geschichte über mehrere hundert Seiten schreiben kann oder nicht, wenn ich es noch nie ausprobiert habe? Wer bin ich denn schon, dass ich einen richtigen Roman schreiben könnte? Ich habe so viel Angst zu versagen, dass ich es gar nicht wirklich probiere. Aber so lange ich es nicht versuche, werde ich es eben auch nicht herausfinden können. Meine Aufgabe, die ich mir diesen Monat stelle, wäre also:

Ich werde daran arbeiten, meine Selbstzweifel auszuschalten, und innerhalb des Monats einen ersten Versuch wagen, einen Roman zu beginnen.

Was kann mir schon passieren? Was kann dir schon passieren? Dass es nicht auf Anhieb funktioniert. Aber dann versuchen wir es eben nochmal und nochmal, so lange bis es klappt. Und zwischendurch machen wir ein kleines Päuschen oder zwei in unserer rosaroten Flauschzone, bis wir den nächsten Schritt nach draußen wagen werden.

monat   kw

montag

dienstag

mittwoch

donnerstag

freitag

samstag

sonntag

Glück ist, wenn du mit dir selbst zufrieden bist und dafür nicht die Bestätigung anderer brauchst.

Voll selbstbewusst

Was macht für dich einen selbstbewussten Menschen aus? Woran erkennst du bei einem Fremden, der dir auf der Straße begegnet, ob er selbstbewusst ist oder nicht? Das erste, was einem da wahrscheinlich einfällt, sind Dinge wie ein aufrechter Gang, ein offener Blick und eine selbstbewusste Ausstrahlung. Aber ist Selbstbewusstsein wirklich immer so leicht lesbar, an einzelnen Punkten festzumachen? Oder gibt es nicht auch eine Art von Selbstbewusstsein, die weniger nach außen gerichtet ist? Kann nicht auch ein unauffälliger Mensch selbstbewusst sein?

Wie steht es denn mit dir? Bist du selbstbewusst, obwohl du vielleicht manchmal auch unsicher bist? Selbstbewusstsein bedeutet nicht, dass man immer mit stolzgeschwellter Brust durch die Gegend läuft – ganz im Gegenteil. Selbstbewusstsein bedeutet auch, dass man ein Bewusstsein für das eigene Empfinden hat, sowohl wenn man sich gut fühlt als auch wenn man sich eben nicht so gut fühlt. Das heißt, ein selbstbewusster Mensch ist, wenn er sich gut fühlt, möglicherweise sehr offen in seiner Ausstrahlung. Er ist aber auch in der Lage, sein Empfinden, wenn es ihm wiederum nicht gut geht, wahrzunehmen und für sich einzustehen, sich in so einem Moment also eher in sich zurückzuziehen und den nötigen Abstand zur Außenwelt herzustellen, den er braucht, um sich in seiner momentan Verletzlichkeit zu schützen.

Also erneut die Frage: Bist du selbstbewusst? Keine Sorge, ich lasse dich mit der Beantwortung der Frage nicht allein. Ich habe dir 15 Aussagen zusammengestellt, die dir helfen sollen, ein besseres Gefühl für dein Selbstbewusstsein zu bekommen.

Lies dir die Aussagen bitte in Ruhe durch und entscheide dann, ob du der Aussage (eher) zustimmst oder (eher) nicht. Wenn du ihr (eher) zustimmst, dann mach hinter die Aussage ein +, wenn du ihr (eher) nicht zustimmst, ein –.

1.   Ich kenne mich selbst gut.

2.   Ich interessiere mich für mich selbst.

3.   Ich beobachte mich immer wieder selbst im Alltag.

4.   Ich stehe in gutem Kontakt mit meinem Körper und weiß, was er braucht.

5.   Ich nehme Rücksicht auf mich und meinen Körper, kenne meine Grenzen und achte sie.

6.   Ich bin zufrieden mit meinem Aussehen.

7.   Ich mag mich so, wie ich bin.

8.   Ich weiß um meine Stärken und Schwächen bescheid und kann sie liebevoll annehmen.

9.   Ich habe Verständnis für mich selbst.

10.   Ich bin sehr geduldig mit mir selbst.

11.   Ich stehe für mich und meine Bedürfnisse ein.

12.   Ich fühle mich meist gut.

13.   Ich achte auf mein Wohlbefinden.

14.   Ich kümmere mich um mich selbst und tue mir jeden Tag etwas Gutes.

15.   Ich gönne mir ohne schlechtes Gewissen hin und wieder etwas.

Wenn du alle 15 Aussagen bewertet hast, zählst du alle + zusammen. Wenn du 13 oder mehr + hast, dann hast du ein sehr solides Selbstbewusstsein. Wie schön für dich. Solltest du weniger als acht + haben, wäre das ein Zeichen dafür, dass dein Selbstwertgefühl noch einiges an Nachholbedarf hat. Aber auch das wäre nicht weiter schlimm. Unter anderem dafür hast du ja dieses Buch und kannst dich auf diesen Monat freuen, der sich ganz um dein Selbstbewusstsein kümmert.

Freiraum

monat   kw

montag

......

dienstag

......

mittwoch

......

donnerstag

......

freitag

......

samstag

......

sonntag

Wer seinen eigenen Weg geht, kann nicht überholt werden.
- Marlon Brando -

Freiraum

Ich bin

Um ein gesundes Selbstbewusstsein zu entwickeln, hilft es, wenn man sich selbst, seine Bedürfnisse und Ziele gut kennt. In Zeiten, in denen man sich wohlfühlt, ist es leichter zu wissen, wer man ist und was man eigentlich will. Je schlechter es einem geht, desto schwieriger wird es, die persönliche Orientierung zu behalten. Vielleicht fehlt einem sogar für den Moment der Lebenssinn und man beginnt an Orten zu suchen, an denen man zwar einen kurzen Kick, aber nie langfristige Zufriedenheit finden kann.

In solchen Situationen wird es schwierig, unter Umständen regelrecht unmöglich, sich treu zu bleiben, wenn man sich in guten Zeiten nicht das entsprechende Rüstzeug zugelegt hat. Die seelische Kraft fehlt, um nicht wieder in alte Muster zurückzufallen. Und plötzlich beginnt man wieder, nach Bestätigung im Außen zu suchen, sich mit anderen Menschen zu vergleichen oder von den Meinungen anderer negativ beeinflussen zu lassen.

Ich denke, es ist an der Zeit, dass wir uns noch einmal Gedanken darüber machen, was unser Herz bewegt und uns in unserem Leben wirklich wichtig ist. So können wir ein noch besseres Bewusstsein für uns entwickeln und lassen uns von den Wirren des Alltags oder in Krisenzeiten nicht mehr so leicht in die Irre führen.

Ich bin / kann / habe…

Vervollständige den Satz. Nimm dir zuerst deine positiven Aspekte vor, bevor du dich denen widmest, die du selbst eher als negativ bewertest. Eine Regel gilt dabei allerdings: Für jede Schwäche, die du aufschreibst, darfst du bitte mindestens zwei Stärken aufschreiben. Gern darfst du noch Freunde und Familie bitten, deine Liste zu ergänzen.

Das liegt mir am Herzen:

Führe hier bitte alles auf – Menschen, Dinge, Werte und Interessen –, was dir im Leben besonders wichtig ist. Egal ob Familie, alternative Lebensweisen, Kunst oder Liebe, notiere alles, wofür du lebst.

Meine beruflichen Ziele: _____

_____

_____

_____

_____

_____

_____

_____

_____

Meine privaten Ziele: _____

_____

_____

_____

_____

_____

_____

_____

_____

So möchte ich mich persönlich gern entwickeln:

Überlege dir, welche deiner guten Eigenschaften du in Zukunft verstärkt weiterentwickeln möchtest, in welchen Bereichen du weiterhin wachsen willst und welche persönlichen Antriebe dein Leben bestimmen sollen.

Welche persönlichen Werkzeuge und Fähigkeiten stehen dir zur Verfügung, um deine Ziele zu erreichen?

Du stehst deinen Träumen und Zielen nicht unvorbereitet gegenüber, sondern hast Werkzeuge mit in die Wiege gelegt bekommen. Welche dieser Werkzeuge unterstützen dich auf deinem Weg? Ist es deine Stimme, deine Ausstrahlung oder deine Intelligenz? Stell dir vor, welche deiner Fähigkeiten dir wohl auf der Reise zu deinen Träumen helfen könnten.

Was hindert dich daran, deinen Zielen zu folgen?

Hier geht es um die Frage, wie du dir vielleicht oft selbst im Weg stehst, weil dir deine Schatten Dinge einzureden versuchen, die dir das Leben schwer machen.

Was kannst du tun, um deine Ziele zu erreichen?

Überlege dir an dieser Stelle bitte, welche Fähigkeiten du ausbauen könntest, um deinen Zielen näherzukommen. Kannst du dich vielleicht weiterbilden? Musst du dich mehr mit dir selbst auseinandersetzen, um dich von deiner Selbstmanipulation zu befreien?

Was hilft dir, um aus einer Krise wieder rauszukommen?

Wie bei jeder Reise kommt es auch während deiner Lebensreise immer wieder zu Krisen. Wenn man in einer solchen Krise steckt, ist es schwierig einen klaren Kopf zu bewahren und sich zu überlegen, was einem gerade guttun könnte. Für diesen Fall darfst du hier vorsorgen. Notiere in deiner Erste-Hilfe-für-die-Seele-Liste all die Dinge, die dir in einer Tiefphase helfen könnten: Spaziergänge? Meditieren? Mandalas malen? Dann kannst du im Notfall einfach deine Liste zur Hand nehmen.

Wenn du alle Fragen beantwortet hast, nimmst du bitte ein paar farbige Stifte in die Hand und markierst in jedem Abschnitt die Dinge, die dir am allerwichtigsten sind. Auch hier gilt bei 1. wieder: Bitte doppelt so viele positive wie negative Eigenschaften.

Du darfst die Listen selbstverständlich jederzeit überarbeiten oder ergänzen, wenn du denkst, dass sich etwas Grundlegendes in deinem Leben oder deinen Ansichten verändert hat.

Du kannst deine Listen in Krisenzeiten nutzen, wenn du das Gefühl hast, nicht mehr weiterzuwissen und eine kleine Erinnerungshilfe brauchst. Sie können dir aber auch helfen, wenn du vor einer schweren Entscheidung stehst. Nicht selten vergessen wir, was in unserem Leben wirklich wichtig ist. Wenn wir also unsicher sind, in welche Richtung wir weitergehen wollen, ist es hilfreich sich die eigenen Werte ins Gedächtnis zu rufen. Auch hier können dir die Listen wichtige Impulse geben. Hast du dich bereits für einen Weg entschieden, können sie dir in regelmäßigen Abständen als Kompass dienen, um zu überprüfen, ob du dich immer noch in die für dich richtige Richtung bewegst.

Verstehe deine Listen einfach als kleine Orientierungsmöglichkeit im Leben, die dir immer wieder helfen kann, dich und dein Handel zu überprüfen, dir deiner selbst und deines Handelns also bewusster zu werden.

monat   kw

....

montag

....

dienstag

....

mittwoch

....

donnerstag

....

freitag

....

samstag

....

sonntag

Manchmal gibt dir das Leben nicht das,
was du möchtest.
Nicht, weil du es nicht verdient hättest,
sondern weil du viel mehr verdienst.

Was wäre, wenn

Dir selbst treu zu bleiben und dem zu folgen, was dein Herz erfüllt, ist am leichtesten, wenn du selbstbewusst bist, wenn du dich und deine Werte kennst. Nur wenn du dir selbst treu bleibst, kannst du sicher sein, dass du in deinem Sinn handelst, also das tust, was für dich seelisch und moralisch das Beste ist. In einer Zeit, in der wir so viele Möglichkeiten haben und mit den Ansichten einer ganzen Welt konfrontiert werden, ist es nicht immer ganz einfach, das Ich aus all dem Du und Er und Sie und Wir herauszufiltern.

Wer bin ich unter all den anderen? Sind meine Träume wirklich meine oder sind es die Träume anderer, die mir wie ein Floh ins Ohr gesetzt wurden? Entspringen meine Ziele wirklich meinem Herzen oder sind es die Ziele einer ganzen Gesellschaft? Sind meine persönlichen Werte im Einklang mit meinem Wesen oder werden sie manipuliert von irgendwelchen haltlosen gesellschaftlichen Anforderungen?

Um das herauszufinden, möchte ich ein kleines gedankliches Experiment mit dir durchführen. Ich werde dir Fragen stellen, die dir auf unterschiedliche Weise dabei helfen sollen, das Außen, die Gesellschaft mit all ihren Regeln und Normen ein Stück weit auszublenden und besser deine innere Stimme wahrzunehmen. Auch wenn dir die ein oder andere Frage bekannt vorkommen sollte, versuche dich bitte neu darauf einzulassen. Nimm dir zunächst einen kurzen Moment Zeit, dir das jeweilige Szenario vor deinem inneren Auge vorzustellen, es auf dich wirken zu lassen und beantworte erst dann die Frage.

Stell dir bitte vor, du hättest drei Wünsche frei. Was würdest du dir wünschen?

1. ....

2. ....

3. ....

Stell dir bitte vor, du müsstest auf eine einsame Insel gehen. Welche drei Dinge würdest du mitnehmen?

1. ....

2. ....

3. ....

Stell dir bitte vor, du hättest einen ganzen Tag keinerlei Verpflichtungen. Was würdest du tun?

....

....

....

Stell dir bitte vor, du hättest eine ganze Woche keinerlei Verpflichtungen. Was würdest du tun?

....

....

....

Stell dir bitte vor, du hättest einen ganzen Monat keinerlei Verpflichtungen. Was würdest du tun?

_____

_____

_____

_____

Stell dir bitte vor, du hättest nur noch ein Jahr zu leben. Was würdest du tun?

_____

_____

_____

_____

Stell dir bitte vor, du wärst der letzte Mensch auf der Erde und niemand könnte dir mehr zuschauen? Was würdest du tun?

_____

_____

_____

_____

Stell dir bitte vor, du wärst eine Art Superheld und kein Hindernis könnte dich noch von irgendetwas abhalten. Was würdest du tun?

_____

_____

_____

_____

_____

Stell dir vor, dir würde jemand eine Million vererben. Was würdest du tun?

_____

_____

_____

_____

_____

Stell dir bitte vor, du hättest die Chance, der glücklichste Mensch auf Erden zu werden. Was würde dir dazu noch fehlen?

_____

_____

_____

_____

Wie ist es dir mit unserem Gedankenexperiment ergangen? War es schwer, dich auf die unterschiedlichen Szenarien einzulassen? Wie groß sind die Unterschiede von deinen Antworten zu deinem wahren Leben? Widmest du genau den Dingen im echten Leben deine Zeit, die du auch auf eine einsame Insel mitnehmen würdest? Machst du das in deinem Leben, was du auch tun würdest, wenn du keine Verpflichtungen, Hindernisse oder Zuschauer hättest? Wenn du absolut frei wärst?

Du bist frei. Du bist frei zu tun, was immer du möchtest. Weder die Gesellschaft noch deine Verpflichtungen halten dich von irgendetwas ab. Du bist die einzige Person, die sich wirklich beschränken kann. Du entscheidest selbst, was du tust und was nicht. Aber du musst doch Geld verdienen. Du musst dich doch um deine Kinder, um den Haushalt kümmern. Du kannst doch nicht einfach… Doch du kannst.

Damit meine ich nicht, dass du dich Morgen einfach in den Flieger setzen, deine Familie hinter dir lassen und mit einem neuen Leben beginnen kannst. Wenn es das sein sollte, was du wirklich willst, würde ich dich bitten, dir Gedanken darüber zu machen, warum du glaubst, dein Glück am anderen Ende der Welt fernab von deinem jetzigen Leben zu finden. Denn bedenke bitte eins: Du kannst vielleicht dein Leben hinter dir lassen, aber egal, an welchen Ort du reist, dich selbst kannst du nicht zurücklassen.

Was ich meine, ist, dass du dir all deine Verpflichtungen selbst ausgesucht hast. Jede Entscheidung, die wir treffen, bringt ihre Folgeerscheinungen und -entscheidungen mit. Jeden Tag dürfen wir uns aufs Neue entscheiden – für unsere Familie, unsere Arbeit, unser Leben und uns selbst. Dabei muss sich nichts gegenseitig ausschließen. Es muss nicht immer das eine oder das andere sein. Es gibt viele Mittelwege. Du musst nur die Augen öffnen, um sie zu finden. Den Mut finden, sie zu gehen. Und die Größe haben, sie nicht zu bereuen. Wenn du etwas wirklich willst, findest du Lösungen. Und für alles andere findest du Ausreden.

Manchmal zeigen uns unsere Ausreden, was wir im Grunde unseres Herzens eigentlich doch nicht wollen, obwohl uns unser Verstand das Gegenteil einzureden versucht. Manchmal machen unsere Ausreden uns aber auch deutlich, wie wir uns selbst im Weg stehen.

Wenn es gravierende Unterschiede zwischen deinen Antworten und deinem Leben geben sollte, schaue dir deine Antworten bitte nochmal in Ruhe an und frage dich, woran es liegt, dass die Unterschiede so groß sind. Liegt es daran, dass du bessere Lösungen brauchst, dein Herz andere Ansichten hat oder du dir selbst vielleicht einen Schritt aus dem Weg gehen solltest?

monat   kw

. . . .

montag

. . . .

dienstag

. . . .

mittwoch

. . . .

donnerstag

. . . .

freitag

. . . .

samstag

. . . .

sonntag

Wer nicht vom Fliegen träumt,
dem wachsen keine Flügel.
- Robert Lerch -

Visionär

Vielleicht hast du dich in den letzten beiden Wochen das ein oder andere Mal gefragt, warum wir uns diesen Monat so viel mit Zielen, Träumen und Wünschen auseinandersetzen, wenn es doch eigentlich um das Thema Selbstbewusstsein gehen sollte. Zwar ist die einzige Zeit, in der wir etwas an unserem Leben verändern können, immer nur das Jetzt, aber die Zeit, für die wir etwas verändern, ist die Zukunft oder auch das zukünftige Jetzt. Wir ändern Dinge, mit denen wir im Augenblick unzufrieden sind, damit es uns in zukünftigen Augenblicken besser gehen kann. Wir handeln im besten Wissen um unser Selbst. Unser komplettes Handeln ist also an unserem Selbstbewusstsein ausgerichtet.

Indem wir uns mit unseren Zielen auseinandersetzen, bekommen wir ein besseres Verständnis für das, was uns antreibt, und erfahren somit mehr über uns selbst. Deshalb möchte ich in dieser Woche unserer Vision von der Zukunft noch einmal einen entsprechenden Raum gewähren. Ich möchte, dass du diese Woche eine sogenannte Visions-Kollage anfertigst. Womöglich hast du das in der ein oder anderen Art schon einmal gemacht. Aber vielleicht wirst du feststellen, dass diese Visions-Kollage ein wenig anders sein wird.

Im ersten Schritt fassen wir dazu erneut die Formulierung deiner Ziele ins Auge. Mir ist bewusst, dass du deine Ziele bereits als Teil von anderen Aufgaben zu Blatt gebracht hast. Dennoch würde ich sie diese Woche gern noch einmal mit dir unter bestimmten Gesichtspunkten in Worte fassen.

Um deine Ziele bestmöglich formulieren zu können, gibt es einige wenige Regeln, die es zu beachten gilt:

1. Formuliere deine Ziele kurz, klar und prägnant.
   „Ich möchte eine engere Beziehung zu meiner Schwester." statt „Ich würde mir wünschen, ich könnte die Beziehung zu meiner Schwester, die durch viele Streitigkeiten und Unstimmigkeiten über die Jahre hinweg doch sehr gelitten hat, wieder so verbessern, dass wir uns wieder näherkommen könnten."

2. Formuliere deine Ziele im Präsenz.
   „Ich möchte energischer sein." statt „Ich werde energischer sein."

3. Formuliere deine Ziele positiv und vermeide die Verwendung des Wortes ‚nicht'.

„Ich möchte glücklich sein." statt „Ich möchte nicht unglücklich sein."

4. Formuliere deine Ziele ohne Namen oder Zahlen.

„Ich möchte in meiner Firma mehr Verantwortung übernehmen." statt „Ich möchte innerhalb von sechs Monaten Geschäftsführerin von XY sein."

5. Die allerwichtigste Regel von allen: Wähle deine Ziele mit dem Herzen.

„Ich möchte zufrieden in einem kleinen Haus, umgeben von Wiesen und Feldern, wohnen." statt „Ich möchte eine teure Luxusvilla besitzen."

Ich könnte mir vorstellen, dass du bei Punkt 4 der Formulierungsregeln ein wenig stutzig geworden bist. In jedem gängigen Ratgeber über Erfolg oder Lebensveränderung ist die konkrete Zielsetzung mit exaktem Zeitraum und genauer Benennung des Ziels das A und O. Wenn deine Hauptmotivationen Erfolg und Prestige sind, dann funktioniert das wahrscheinlich auch nur über diesen Weg. Da du dich jedoch für dieses Buch entschieden hast, gehe ich davon aus, dass deine Beweggründe andere sind.

Einem gesunden Selbstbewusstsein ist es egal, ob Geschäftsführerin bist oder ob du einen Beruf als Mitarbeiterin in einer Abteilung ausübst. Ein gesundes Selbstbewusstsein interessiert sich nur dafür, dass du das, was du tust, mit Herzblut und Erfüllung tust.

Und wenn du dich dann auch noch auf ein genaues Ziel festlegst, dass du in einem bestimmten Zeitraum erreichen möchtest, hast du auf dem Weg dorthin keine Gelegenheit, dir die Landschaft anzuschauen, einen kurzen Abstecher zu machen oder deine Pläne über den Haufen zu werfen. Du bist so fokussiert auf genau dieses eine Ziel, dass du nicht mehr nach links oder rechts schauen kannst.

Deswegen behalte doch lieber deine ungefähre Richtung im Blick und lass die Zügel ein wenig locker. Du wirst ankommen. Nicht unbedingt genau da, wo du es geplant hast. Aber unter Umständen an einem noch viel schöneren Ort, als du es dir je zu träumen gewagt hättest.

Um dir eine Leitlinie für die Richtung deiner Visions-Kollage zu geben, habe ich dir ein paar Fragen zusammengestellt. Du kannst dich in der Formulierung deiner Ziele entweder daran orientieren. Du darfst deine Kollage aber auch selbstverständlich ganz anders gestalten.

1. Wie möchtest du deine persönliche Entwicklung gestalten?
2. Wie stellst du dir die Beziehung zu deinem Körper vor?
3. Wie stellst du dir deinen Traumpartner vor?
   bzw. Was wünscht du dir für deine Beziehung?
4. Wie stellst du dir die Beziehung zu deiner Familie und deinen Freunden vor?
5. Wie stellst du dir dein Zuhause und deine Umgebung vor?
6. Wie stellst du dir deinen beruflichen Werdegang vor?
7. Wie soll deine Freizeitgestaltung in Zukunft aussehen?
8. Welche Träume möchtest du verwirklichen?

Wenn du deine Ziele auf den dafür vorgesehenen Seiten formuliert hast, darfst du dich mit Schritt 2 beschäftigen: der Erstellung deiner Visions-Kollage. Dazu brauchst du neben einem *großen weißen Blatt* noch *Farben, Bilder* und *sonstige Materialien*, die deinen Träumen und Gefühlen Ausdruck verleihen. Schneide Fotos, Bilder und Texte aus Zeitschriften oder alten Büchern aus. Oder suche dir welche im Internet, die du ausdrucken kannst. Nutze alte Stoffe, Geschenkbänder oder Deko-Materialien. Mache Fotos, zeichne Bilder, schreibe kurze Slogans. Deiner Kreativität sind keine Grenzen gesetzt. Hab Spaß an dem, was du tust, und konzentrier dich auf die schönen Gefühle, die du hast, wenn deine Träume Teil deines Lebens sein werden.

Ich hoffe, du hast über den kreativen Umgang mit deiner Zukunft wieder ein Stückchen näher zu dir gefunden. Vielleicht hat dir die Aufgabe auch dabei geholfen, einen anderen Zugang zu deinen Träumen zu bekommen, mit weniger Verstand und mehr Herz. Deine Ziele sollten nicht dazu da sein, einen anderen Menschen aus dir zu machen, sondern den Menschen, der du bereits bist, auf seinem Weg zu bestärken.

Freiraum

07 Glück

Die Tür zum Glück
geht nach innen auf

Auf unserer weiten Reise, immerhin haben wir jetzt schon ein ganzes halbes Jahr miteinander verbracht, ist uns nicht nur einmal das Wort Glück über den Weg gestolpert. Wir haben uns bewusst gemacht, dass das Streben nach Glück eine der mächtigsten Triebfedern unseres Handelns ist. Wir haben uns Gedanken darüber gemacht, was passiert, wenn man sein persönliches Glück von der eigenen Schönheit abhängig macht oder der Bewunderung anderer Menschen. Wir haben festgestellt, wie stark Glück und Selbstbewusstsein miteinander verbunden sind. Nicht umsonst füllen Bücher zum Thema Glück ganze Regale. Glück hat sich in deinem Jahr also definitiv einen eigenen Monat verdient.

Wenn man sich Gedanken über das Wort Glück macht, stößt man automatisch auch auf die Zufriedenheit. Denn was ist Glück anderes als ein Empfinden beziehungsweise ein Zustand von Zufriedenheit? Man ist im inneren Frieden mit sich, den Umständen, dem Leben. Wenn man könnte, würde man den Augenblick einfangen, um ihn nie mehr gehen zu lassen, so vollkommen ist er. Doch wie bei allem ist das Gefühl von Glück vergänglich. Und das aus einem guten Grund.

Zu leben bedeutet in Bewegung zu bleiben. Stillstand bedeutet den Tod. Stell dir vor, du wärst an einem paradiesischen Strand, hättest das beste Essen deines Lebens gegessen und lägst so zufrieden auf deiner Sonnenliege, dass du nie mehr aufstehen, nie mehr essen und nie mehr auch nur sonst irgendetwas tun wollen würdest, du tätest wahrscheinlich genau das – nichts mehr. Das Ende allen Lebens wäre auf dieser Sonnenliege eingeleitet worden.

Glücklicherweise, und oft genug auch blöderweise, sind wir Lebewesen aber nun mal nicht so leicht zufriedenzustellen. Wir gewöhnen uns an den paradiesischen Strand, wir wollen mehr gutes Essen und wir haben auch mal den Drang uns zu bewegen, zumindest bis zur nächsten freien Sonnenliege. Wenn man die Beweggründe unseres Handelns betrachtet, also unsere Motivation, treiben uns zwei gegensätzliche Verhaltensmuster an. Wir handeln entweder, weil wir ein unangenehmes Gefühl vermeiden oder, weil wir ein angenehmes Gefühl erreichen wollen. Unser ganzes Handeln basiert also auf dem Bedürfnis, Unglück zu umgehen und Glück zu erlangen.

Aber Glück ist nicht gleich Glück. Wo es im Englischen die Unterscheidung zwischen ‚luck' und ‚happiness' gibt, sprechen wir vom glücklichen Zufall oder Schicksal und von der glücklichen Zufriedenheit oder der Glückseligkeit. Während das Schicksal das Glück von äußeren Umständen abhängig macht, deutet die Glückseligkeit nach innen. Glückliche Fügungen wie ein Lottogewinn, ein neues Auto oder das Erreichen des Traumkörpers sorgen mit Sicherheit im ersten Moment für ein enormes Glücksgefühl. Aber ebenso schnell wie diese Glückswelle gekommen ist, geht sie auch wieder und lässt nichts als Leere im Inneren zurück. Im Inneren ist ja nichts, was mit diesem Glücksbringer von außen zu tun hat. Glückliche Zufriedenheit hat wiederum überhaupt nichts mit dem Außen zu tun. Es gibt Menschen, die in absoluter Armut und Zerstörung leben, und trotzdem glücklich sind. Das kann man sich in unserer Gesellschaft des Überflusses kaum vorstellen, wo Menschen bereit sind, ihre kostbare Lebenszeit zu opfern, weil sie glauben, nur durch ein schickeres Haus wirklich glücklich sein zu können.

Sein persönliches Glück an Äußerlichkeiten, materiellen Errungenschaften oder beruflichen Erfolgen festzumachen, macht auf Dauer unglücklich, weil man in eine ungesunde Abhängigkeit gerät. Was passiert denn, wenn das Haus abbrennt? Was passiert, wenn man doch wieder ein paar Kilo zunimmt? Was passiert, wenn ein neueres, noch schickeres Auto auf den Markt gebracht wird?

Und welchen Preis zahlt man für diese Art von Glück? Lebenszeit. Ganz viel Lebenszeit. Lebenszeit, um zu arbeiten – von morgens bis abends, von Montag bis Sonntag, von Januar bis Dezember. Lebenszeit, um sich äußerlich zu optimieren – um ins Fitnessstudio zu gehen, zum Frisör und zum Kosmetiker, vielleicht sogar zum Beauty-Doc, um sich zu schminken, zu enthaaren und zu pflegen, um Diät zu halten, die Nägel zu machen und sich zu sonnen. Lebenszeit, um seinen persönlichen Marktwert zu steigern – um zu studieren, sich weiterzubilden, Persönlichkeitsseminare, Mindful Empowerment-Coachings und Selbstmanagement-Vorträge zu besuchen. Lebenszeit, die dir fehlt, um wirklich zu leben, zu lieben und glücklich zu sein.

Ist es das wirklich wert? Lebenszeit zu opfern, um dein Glück an Dingen festzumachen, die dir nichts zurückgeben können? Deine Villa kann nicht dein Freund sein. Dein Auto kann dir keine Zuneigung schenken. Und dein Körper liebt dich nicht mehr, weil er dünner ist als er es von Natur aus wäre.

Das kostbarste Gut, das wir haben, ist unsere Lebenszeit. Kein Geld der Welt kann dir deine Lebenszweit wieder zurückgeben. Wenn deine Zeit abgelaufen ist, dann ist sie abgelaufen und du kannst nichts dagegen tun. Du kannst nicht entscheiden, wie viel Zeit dir gegeben ist. Du kannst nur entscheiden, was du mit der Zeit anfangen möchtest, die dir gegeben ist. Möchtest du Zeit, um zu arbeiten oder um zu leben? Möchtest du Zeit, um dich selbst zu optimieren oder um zu lieben? Möchtest du Zeit, um deinen Marktwert zu steigern oder um glücklich zu sein? Möchtest du dem schnellen Glück hinterherrennen oder möchtest du der Glückseligkeit in deinem Inneren begegnen?

Egal, wofür du sich entscheidest, ich denke, du weißt, was du tun musst. Suchst du nach oberflächlichem Glück, wirst du es an der Oberfläche finden. Suchst du nach tiefgründigem Glück, wirst du es tief unter der Oberfläche finden. Möchtest du Ersteres, darfst du dieses Buch getrost aus der Hand legen, denn dabei kann es dir nicht helfen. Möchtest du Zweiteres, darfst du dich auf einen weiteren Monat voller spannender und durchaus auch herausfordernder Aufgaben freuen. Dieses Buch kann dir zwar nicht dein Glück schenken, aber es möchte deinen Blick und dein Herz öffnen, damit dich dein Glück finden kann.

Zum Glück glücklich

Was würdest du davon halten, ab jetzt jeden Tag deines Lebens zumindest ein bisschen glücklich zu sein? Sogar an den ganz und gar blöden Tagen? Ein kleines bisschen Glück in den dunkelsten Stunden? Unmöglich? Ich glaube nicht. Denn mit dem Glück ist es wie mit der Dankbarkeit – alles eine Frage von Einstellung und Perspektive. Und damit will ich nicht sagen, dass du im Augenblick eines schweren Schicksalsschlags Himmel hoch jauchzend durch die Gegend tanzt. Viel eher geht es darum, durch einen veränderten Blickwinkel ein kleines bisschen Glück im Moment der Trauer zu empfinden.

Eine der schlimmsten Dinge, die man wohl erleben muss, ist der Tod eines geliebten Menschen, möglicherweise gar der zu frühe Tod eines geliebten Menschen. Von einem auf den anderen Moment gerät die ganze Welt ins Wanken, ist nichts mehr wie es war. Egal wie man es dreht und wendet, dieser eine Mensch ist an einen Ort gegangen, an dem er für uns unerreichbar bleibt. Das Herz droht in der Brust zu zerreißen, die Beine versagen den Dienst, der ganze Körper fühlt sich an wie ein nasser Zementsack. Wie soll man in so einem Augenblick denn Glück erfahren können?

Selbstverständlich nicht in Gedanken an den Tod. Aber dieser eine geliebte Mensch ist nicht nur sein Tod. Dieser Mensch ist doch so viel mehr. Er ist ein ganzes, unter Umständen ein viel zu kurzes, aber dennoch ganzes, Leben voller schöner gemeinsamer Erinnerungen. Ich bin mir sicher, wenn du die Wahl hättest, diesen Menschen gar nicht gekannt zu haben oder nur sehr kurz, würdest du dich wahrscheinlich trotzdem für sehr kurz entscheiden.

Denn nicht mal der Tod kann uns unsere Erinnerungen, unsere gemeinsamen Erlebnisse nehmen. Neben all der Trauer, die du empfinden darfst und für deinen Heilungsprozess auch brauchst, darfst du Dankbarkeit und Glück für eure gemeinsame Zeit empfinden. Dieser kleine Moment Glück ist es, den ich meine. Er ist da in all der Traurigkeit und wartet darauf, dass du ihn zulässt.

Es bleibt deine Entscheidung, ob du in zulässt oder nicht, auch in weniger schweren Augenblicken. Jeden Tag triffst du aufs Neue die Entscheidung, ob du das Glück annimmst oder nicht. Wenn ein Tag gut anfängt, die Sonne scheint, die Vögel zwitschern, man vor Energie strotz und alles zu gelingen scheint, ist es nicht sonderlich schwer, dem Glück Tür und Tor zu öffnen.

Was ist aber mit den Tagen, an denen es so gar nicht laufen möchte? An denen morgens schon die Kaffeetasse samt Inhalt auf dem Boden zerschellt, die neue Bluse Begegnung mit einem Nagel in der Wand macht und man von unangenehmer Post im Briefkasten überrascht wird? Was ist mit solchen Tagen? Auch an solchen Tagen ist das Glück eine Frage der Einstellung.

Vielleicht ist der Kaffee auf dem Boden gelandet, aber dafür war das Frühstück besonders lecker. Möglicherweise ist die neue Bluse malträtiert worden, aber dein Partner bietet sich liebevoll an, sie für dich wieder zu reparieren. Und du hast wohl einen nicht ganz so schönen Brief erhalten, aber auch eine Postkarte von deiner besten Freundin. Du hast die Wahl, ob du deine Aufmerksamkeit auf all das Negative richtest, das dir passiert, oder ob du lieber das Positive fokussieren möchtest. Selbst wenn du mal einen Tag haben solltest, an dem wirklich alles schiefläuft, gibt es doch immer noch genug Tage, an denen es besser läuft. Und manchmal reicht doch schon ein einziger schöner Moment aus, um die Bedeutung eines ganzen Tages zu verändern. Es liegt an dir, diesem Moment die Chance zu geben, aus einem miesen Tag einen ganz passablen oder sogar einen guten Tag zu machen.

Was denkst du? Wollen wir versuchen, diesen Monat Glücklichsein zu üben? Deine Monatsaufgabe lautet also:

Erinnere dich jeden Tag daran, glücklich zu sein!

Wie das in schönen Momenten geht, brauche ich dir wahrscheinlich nicht weiter zu erklären. Vielleicht nur ein kleiner Hinweis: Versuche diese ganz besonderen Momente noch intensiver wahrzunehmen, indem du jedes kleine Detail bewusst wie ein Schwamm in dir aufsaugst.

Die schwierigen Augenblicke stellen da doch eine etwas größere Herausforderung dar. Ich möchte dir drei verschiedene Übungen für diesen Monat mit auf den Weg geben, die dir dabei helfen sollen, dich ans

Glücklichsein zu erinnern. Dazu habe ich teilweise einzelne Bestandteile von Übungen genutzt, die du bereits kennst, damit du einen leichteren Zugang zu den neuen bekommst. Wann und wie du sie einsetzt, bleibt dir überlassen.

Übung 1: Den Blick für das Positive öffnen
Schreibe jeden Abend mindestens drei Dinge auf, die dich den Tag über glücklich gemacht haben.

Dadurch lernst du immer mehr auch die kleinen Dinge zu schätzen. Das hilft ungemein beim Glücklichsein. Und was sich reimt ist gut.

Übung 2: Ärger weglächeln
Wenn die Dinge mal aus dem Ruder laufen sollten oder du kurz vor dem Ausflippen sein solltest, verlasse die Situation. Wenn es besonders schlimm sein sollte, wechsle den Raum, gehe kurz an die frische Luft oder verschwinde aufs Klo. Wenn nicht, kannst du an Ort und Stelle bleiben. Dann schließe die Augen, atme dreimal kräftig ein und aus und lächle. Mach dir bewusst, dass nicht immer alles nach Plan läuft und es auch gar nicht muss. Dass heute vielleicht nicht der beste Tag ist, aber morgen schon wieder ein neuer kommt. Dass es ist, wie es ist, und dass ok manchmal vollkommen ausreicht. Gib deinem Lächeln noch mehr Raum, lass es dein komplettes Gesicht erhellen und deinen ganzen Körper erfüllen. Wenn dein Lächeln zu einem Lachen wird, lass es zu.

Je öfter du die Übung machst, desto besser wirst du über unangenehme Situationen nicht nur hinwegsehen, sondern sogar lachen können. Lass dir dein Glück nicht von vereinzelten schlechten Momenten verderben.

Übung 3: Gesunder Abstand
Was tust du aber, wenn du in einer richtig miesen Situation bist, an der du fast zu verzweifeln drohst?

1. Zieh dich zurück, schließe die Augen und atme zehnmal tief ein und aus.
2. Versuche dir deinen momentanen Zustand bewusst zu machen. Wo bist du gerade? Welche Dinge umgeben dich? Was nimmst du wahr? Was siehst du? Was hörst du? Was spürst du?

3. Stell dir als Nächstes vor, dass du die Situation verlässt und wie ein Adler mit großem Abstand über dich hinwegfliegst. Wie sieht dein Leben aus dieser Perspektive mit viel mehr Abstand aus? Ist die Situation immer noch so schlimm? Oder wird sie relativiert, wenn du das große Ganze siehst, wenn du diese eine Situation als kleinen Teil deines Lebens betrachtest?

4. Sobald du dich wieder etwas beruhigt hast, wieder mehr bei dir bist, erinnere dich daran (vielleicht auch mit Hilfe deiner bisherigen Aufschriebe), welche Höhen und Tiefen du schon gemeistert hast, dass du es bis hierher geschafft hast. Und mach dir bewusst, dass es sich dafür alle Male lohnt, dankbar und glücklich zu sein.

Jetzt dürftest du genug Werkzeuge an der Hand haben, um dich diesen Monat in den unterschiedlichsten Augenblicken auf dein Glück zu fokussieren. Sei aber bitte auch beim Glücklichsein geduldig mit dir. Manche Lebenssituationen stellen einen auf eine harte Probe. Jeder noch so kleine Glücksmoment, den du zulässt, ist ein großer Fortschritt auf dem Weg zum Glücklichsein. Glücklichsein ist kein Ziel, das man erreichen kann, sondern eine Reise, auf die man sich begibt. Gehe diese Reise in deinem eigenen Tempo.

monat   kw

montag

. . . .

dienstag

. . . .

mittwoch

. . . .

donnerstag

. . . .

freitag

. . . .

samstag

. . . .

sonntag

Wer zu viel Zeit mit Äusserlichkeiten verbringt,
dem fehlt die Zeit für sich selbst.

Lebenszeit

Wahrscheinlich kommt man als Mensch gar nicht darum herum, sich um sein Äußeres zu kümmern. Dazu ist der erste Eindruck, den wir hinterlassen, viel zu wichtig. Gegen den ersten Eindruck können wir uns nicht wehren, denn die Evolution hat sich dabei einiges gedacht.

Wir sind als Lebewesen darauf angewiesen, dass wir mit einem Blick im Bruchteil einer Sekunde entscheiden können, ob das, was wir vor uns sehen, tendenziell bedrohlich oder eher sicher ist. Aus bestimmten Merkmalen, die wir sowohl bewusst als auch unterbewusst wahrnehmen, bildet unser Gehirn einen Querschnitt an Informationen, anhand derer es entscheidet, ob es Zeit zu fliehen oder zu bleiben ist. Dass dieser Prozess rein oberflächlich abläuft, ist klar. Aber wenn es um das nackte Überleben geht, bleibt nun mal keine Zeit für Kaffeekränzchen und tiefsinnige Gespräche.

Was wir allerdings aus dem zweiten und dritten Eindruck machen, bleibt unsere eigene Entscheidung. Lassen wir einen Fremden in der Schublade, in der unser Gehirn ihn aus Sicherheitsgründen für den ersten Augenblick abgelegt hat, oder geben wir der Person die Chance zu zeigen, wer er oder sie hinter der äußeren Fassade wirklich ist?

Trotzdem möchten die wenigsten Menschen wahrscheinlich weder beim ersten noch beim zweiten oder dritten Eindruck wegen eines ungepflegten Äußeren negativ auffallen. Aber sein Äußeres pflegen zu wollen, hat nun auch nicht ausschließlich mit der Wirkung auf andere zu tun. Ein wichtiger Grund auf seinen Körper zu achten, ihn zu pflegen, ist mit Sicherheit die Gesundheit. Man möchte sich in seiner Haut wohlfühlen.

Die Frage ist, was braucht es, um gepflegt zu sein? Wo ist die Grenze zwischen einer auf Gesundheit und Wohlbefinden ausgerichteten Pflege und der bewussten Veränderung des Äußeren, um besser zu gefallen? Verwendet man eine Gesichtscreme, um seine Haut zu schützen oder Makeup, um Makel zu kaschieren? Benutzt man Zahnpasta, um die Zähne zu stärken oder Bleaching-Mittel, um weißere Zähne zu haben? Geht man ins Fitness-Studio, um einen gesünderen Körper zu haben oder um den Körper ästhetisch zu verändern? Wer entscheidet denn, welche Pflegeprodukte und -maßnahmen für das eigene Wohlbefinden nötig sind? Du!

Es ist einzig und allein deine Entscheidung, wie viel Zeit du deinem Körper und deinem Aussehen zuwendest. Ich möchte dir diese Woche einen Fragebogen zur Verfügung stellen, der dir die Möglichkeit geben soll, ein Bewusstsein dafür zu entwickeln, wie viel Zeit du in dein Äußeres investierst, in was und zu welchem Zweck. Dabei geht es nicht darum, dein Verhalten zu bewerten oder schlecht zu machen, sondern ausschließlich darum, es zu beobachten. Beobachte dich im Laufe der Woche und notiere hier deine Ergebnisse, dann können wir zum Ende der Woche eine kleine Auswertung vornehmen.

Was tust du also, um dein Äußeres zu verändern? Aus welchem Grund tust du es? Und wie viel Zeit nimmt es ungefähr in Anspruch?

1. Täglich:

Da du vermutlich jeden Tag dieselben oder doch zumindest ähnliche Abläufe hast, reicht es aus, wenn du dir einmal die Zeit nimmst, einen Tag zu protokollieren.

a. Wie sieht deine morgendliche Routine im Bad aus?

z.B.: Zähneputzen und Mundspülung: Hygiene (ca. 4 min) – Gesicht waschen und eincremen: Pflege (ca. 4 min) – Haare kämmen: damit sie nicht verknoten (3-10 min) – Deo: gegen schlechten Geruch (1 min) – Makeup: Augenringe, Pickelchen und Falten kaschieren (10 min)

Morgens insgesamt: Ø 26 min

Morgens insgesamt: Ø

b. Hast du irgendwelche Routinen während des Tages?

z.B.: Duschen: Hygiene (15 min), Körper eincremen: Pflege (10 min)

Tagsüber insgesamt: Ø 25 min

Tagsüber insgesamt: Ø

c. Wie sieht deine abendliche Routine im Bad aus?

z.B.: Zähneputzen und Mundspülung: Hygiene (ca. 4 min) – Gesicht waschen und eincremen: Pflege (ca. 4 min) – Haare kämmen: damit sie nicht verknoten (3-10 min)

Abends insgesamt: Ø 15 min

Abends insgesamt: Ø___

2. Wöchentlich:

Hier hast du Platz für all die Dinge wie Sport, die du wahrscheinlich nicht jeden Tag tun wirst.

z.B.: Fitness-Studio: fit bleiben und abnehmen (Mo, Mi, Fr je 90 min (insg. 270 min)), Solarium: schöne Bräune (Do 15 min), Shoppen gehen: schöne Klamotten (Sa 90 min)

Woche insgesamt: Ø 375 min

Woche insgesamt: Ø___

Nachdem du dich diese Woche so intensiv beobachtet hast, möchte ich mit dir zur Auswertung kommen. An dieser Stelle könntest du eventuell einen Taschenrechner brauchen ;) Trage bitte hier in die Liste deine Zeiten ein:

1.	Täglich:		
	a. Morgens:	26 min	_____ min
	b. Tagsüber:	25 min	_____ min
	c. Abends:	15 min	_____ min
	Gesamt:	66 min	_____ min
Tägliche Pflege insgesamt pro Woche:			7 x 66 min = 462 min
		7 x _____ min =	_____ min
2.	Wöchentlich:	375 min	_____ min
	+ deine tägl. Pflege:	462 min	_____ min
	Gesamt:	837 min	_____ min
in Stunden:			837 min : 60 min = 13,95 h
		_____ min : 6o min =	_____ min

Jetzt weißt du, wie viele Stunden du pro Woche ungefähr für deine Pflege brauchst. Jetzt wäre es ja aber auch noch interessant herauszufinden, wieviel Zeit das auf das gesamte Jahr gerechnet ist.

3. Jährlich: 52 Wochen x 13,95 h = 725,4 h

52 Wochen x _____ h = _____ h

in Tagen: 725,4 h : 24 h = 30,225 Tage

_____ h : 24 h = _____ Tage

Die Person in meinem Beispiel verbringt einen ganzen Monat pro Jahr mit der Pflege ihres Körpers und Aussehens. Das ist ganz schön viel Zeit, wenn du mich fragst. Wenn diese Frau 80 Jahre alt werden würde, hätte sie ganze 6,6 Jahre ihres Lebens in ihr Äußeres investiert (30,225 Tage x 80 Jahre = 2.418 Tage: 365 Tage ≈ 6,6 Jahre).

Was du wohl tun würdest, wenn du einen Monat oder ein Jahr keinerlei Verpflichtungen hättest und tun könntest, was du wolltest? Kommt dir diese Frage bekannt vor? Diese Frage hast du dir im letzten Monat beantwortet. Vielleicht möchtest du ja noch einmal einen Blick in deine Antworten werfen.

Rein theoretisch könntest du einen ganzen Monat im Jahr und mehrere Jahre in deinem kompletten Leben gewinnen, um deine Träume Wirklichkeit werden zu lassen, wenn du auf deine Körperpflege verzichten würdest. Da wir keine Fans von Extremen sind und so ein bisschen Körperpflege mit Sicherheit auch nicht verkehrt ist, können wir uns doch irgendwo in der Mitte treffen. Es braucht nicht den kompletten Verzicht auf Körperpflege, um mehr Freiheiten zu haben. Aber vielleicht regt dich das Wissen, wie viel Zeit du aus welchen Gründen auch immer mit Pflege und Makeup und Fitness und was auch immer beschäftigt bist, auch noch einmal zum Denken an. Ist es das, was du tust, wirklich wert, Lebenszeit dafür herzugeben? Die Antwort darauf kennst nur du.

Vielleicht merkst du, wenn du dir deine Wochenübersicht noch einmal anschaust, dass die ein oder andere Sache zu viel deiner wertvollen Lebenszeit in Anspruch nimmt. Du möchtest deswegen aber auch beispielsweise nicht komplett auf Makeup verzichten. Das brauchst du auch gar nicht. Du kannst nämlich einfach eine Zwischenlösung finden. Dich für ein weniger aufwendiges Makeup entscheiden und nur noch zehn statt 20 Minuten täglich dafür verwenden. Du glaubst, dass das keinen Unterschied macht? Zehn Minuten täglich sind in 80 Jahren insgesamt 203 Tage, mehr als sechs Monate also. Und mit sechs Monaten kann man doch schon einiges anfangen. Oder was meinst du?

Freiraum

monat   kw

montag

dienstag

mittwoch

donnerstag

freitag

samstag

sonntag

Glück ist eine Frage der Einstellung.

Ungeschminkt glücklich

Wir geben uns jeden Morgen besonders viel Mühe, den Schlaf aus unseren Augen wegzuwaschen, das nächtliche Chaos aus unseren Haaren zu vertreiben und das muntere Leben in unsere Gesichter zu schminken, obwohl unser Hirn vielleicht noch im Schlummer-Modus ist. Morgens direkt nach dem Aufstehen sind wir wahrscheinlich so nah an unserem natürlichen Selbst wie während keiner anderen Tageszeit. Die beste Zeit also, um sich selbst ganz unverfälscht zu begegnen.

Diese Woche darfst du dir jeden Morgen fünf bis sieben Minuten Zeit nehmen und dich ohne dich herzurichten, völlig ungeschminkt, mit zerzausten Haaren und Schlaf in den Augen vor den Badezimmerspiegel stellen. Alles, was du tun musst, ist dich selbst anzusehen und dir das schönste Lächeln zu schenken, das in dir steckt. Lächle dich selbst an, wie du dich noch nie zuvor angelächelt hast. Strahle, bis du Lachfältchen an Augen und Mund bekommst. Schmunzle, bis dein Grinsen bis zu beiden Ohren reicht. Lache, bis dir der Bauch wehtut. Freue dich, dich selbst zu sehen. Hab Spaß an der Zeit mit dir selbst. Und spüre, dass du am Leben bist. Spüre die Dankbarkeit, das Glück in deinem kompletten Körper.

Stell dir gern eine Stoppuhr, um die Zeit zu messen, damit du dich ganz auf dich selbst konzentrieren kannst. Sobald die Zeit um ist, darfst du normal mit deinem Tag beginnen. Wenn du möchtest, darfst du die Übung vor dem Schlafengehen noch ein weiteres Mal wiederholen.

Lass dich bitte nicht davon irritieren, wenn dir die Übung beim ersten Versuch noch etwas seltsam vorkommen sollte. Für gewöhnlich nutzen wir den Spiegel nur als Hilfsmittel fürs Styling oder um zu überprüfen, ob noch alles aussieht, wie es aussehen sollte. Sich selbst ohne Zweck mit einem Lächeln im Spiegel zu begegnen, kann sich deshalb schon sehr merkwürdig anfühlen. Versuche, dich darauf einzulassen. Es wird dir mit jeder weiteren Ausführung leichter fallen.

Wie hat es sich für dich angefühlt, dich täglich im Spiegel anzulächeln – so völlig unperfekt? Hat es dich verunsichert? Oder hast du dich befreit gefühlt? Ist es dir schwergefallen? Oder hast du mit der Zeit richtig Spaß daran gefunden? Konntest du eine Veränderung in deinem Tagesablauf feststellen? Hattest du einen besseren Start in den Tag oder vielleicht insgesamt eine schönere Woche? Warst du besser gelaunt als sonst, glücklicher? Hat sich deine Wahrnehmung verändert? Im Alltag? Dir selbst gegenüber? Sind dir die Menschen in deinem Umfeld anders begegnet?

monat   kw

montag

dienstag

mittwoch

donnerstag

freitag

samstag

sonntag

Wer nach aussen schaut träumt, wer nach innen schaut erwacht.
- C.G. Jung -

Frei von Zusätzen

Ich kann mich noch gut daran erinnern, als ich 14 oder 15 Jahre alt war. Für kein Geld der Welt hätte ich damals ungeschminkt oder gar ungestylt in Jogging-Hose das Haus verlassen. Ich habe mir meist schon am Abend zuvor genau überlegt, was ich anziehen würde. Mein Schmuck musste perfekt zu meiner Tasche passen, meine Tasche zu meinen Schuhen und meine Schuhe zu meinem Outfit. Kein noch so kleines Detail habe ich damals dem Zufall überlassen. Dazu war es mir viel zu wichtig, was andere über mich dachten.

Je älter ich wurde, desto gelassener wurde ich mit meinem Aussehen. Und trotzdem gab es bestimmte Situationen, in denen ich auf keinen Fall auf Makeup oder High Heels verzichtet hätte. In den Supermarkt bin ich zwar auch mal in Jogging-Hose gegangen, aber an einem Abend ungestylt aus dem Haus zu gehen, kam für mich immer noch nicht in Frage. Ich habe mich gern hinter einem aufwendigen Makeup, einer extravaganten Frisur, einem schönen Kleid und Megaschuhen versteckt. Das gab mir Sicherheit.

Einen Raum voller Leute zu betreten, ist viel leichter, wenn man den allgemeinen Idealen entspricht. Anders auszusehen, sorgt zwar auch für Aufmerksamkeit, nur nicht immer für positive. Damit muss man umgehen können und ich konnte es eben nicht.

Lieber frischte ich den gesamten Abend über mein Makeup auf und zuppelte an meiner Frisur herum, als nicht so perfekt wie möglich auszusehen. Lieber ließ ich mich von meinen Schuhen umbringen und konnte mich in meinem engen Kleid kaum bewegen, statt in bequemer Kleidung nicht schön genug zu sein. Äußerlich so perfekt es ging, merkte man mir wenigstens nichts von meiner Unsicherheit an. Es ist schwer vorstellbar, dass eine Person, bei der bis ins kleinste Detail alles aufeinander abgestimmt ist, nicht vor Selbstbewusstsein strotzt.

Aber wie wir bereits festgestellt haben, hat äußerliche Perfektion nur wenig mit echtem Selbstbewusstsein und glücklicher Zufriedenheit zu tun. Dabei brauchen wir gar keine Miniröcke, High Heels oder Makeup, um selbstbewusst und glücklich zu sein – ganz im Gegenteil. Solche gesellschaftlichen Symbole weiblicher Schönheit sorgen sogar eher dafür, dass wir uns von uns selbst entfernen. Das bedeutet nicht, dass wenn du von Natur aus volle, lange

Haare oder eine den Schönheitsidealen entsprechende Figur hast, du weniger selbstbewusst oder glücklich bist. Es ist viel eher darauf bezogen, dass wenn du von Natur aus eben nicht solche Haare oder so eine Figur hast, du trotzdem alles versuchst, um gegen deine Natur diese Ideale doch zu erreichen. Denn genau dann entfernst du dich von dir selbst und dadurch auch von dem Glück, das in dir wohnt. Der Preis, den du so für die gesellschaftlichen Symbole weiblicher Schönheit zahlst, ist deine Einzigartigkeit.

Ich möchte dich diese Woche dazu anregen, dir Gedanken darüber zu machen, welche Dinge du im Alltag nutzt, um wider deine Natur den gesellschaftlichen Schönheitsidealen zu entsprechen. Trägst du beispielsweise High Heels, obwohl sie deine Füße quälen? Ziehst du Klamotten an, in denen du dich zwar kaum frei bewegen kannst, die aber schön sind? Machst du mit Hilfe von Makeup einen völlig anderen Menschen aus dir? Färbst du dir die Haare? Hast du Extensions? Machst du dir Locken oder glättest du deine Haare? Nutzt du farbige Kontaktlinsen oder künstliche Wimpern? Trägst du BH-Polster? Schreibe alles auf, womit du dich selbst ‚verschönerst'.

Nun überlege dir, welche dieser Sachen dir besonders wichtig sind und auf welche du in keinem Fall verzichten wollen würdest. Unterstreiche sie mit einem farbigen Stift.

Als nächstes suchst du dir eine deiner besonders wichtigen ‚Schönheitshelferlein', auf das du diese Woche in einer Situation, in der du ihn sonst immer nutzt, komplett verzichtest.

Du gehst ausschließlich top gestylt aus dem Haus? Dann entscheide dich diese Woche einen Tag für super bequeme statt super schöne Klamotten! Du gehst eigentlich nicht ungeschminkt zur Arbeit? Dann verzichte diese Woche einen Arbeitstag auf Makeup! Du gehst abends für gewöhnlich immer mit hohen Schuhen aus? Dann tausche diese Woche einen Abend deine hohen gegen flache Schuhe ein! Du rasierst dir jeden zweiten Tag die Beine? Dann verzichte die Woche komplett auf die Rasur!

Habe den Mut, neue Wege zu gehen. Aber verlange dir bitte auch nicht zu viel ab. Fang ruhig mit etwas Leichterem an. Ich möchte nicht, dass du dich super unwohl bei der Aufgabe fühlst. Ich wünsche mir nur, dass du dich traust.

Wie hat es sich angefühlt, etwas anders zu machen, als du es sonst normalerweise gewohnt bist? Hast du dich arg unwohl dabei gefühlt? Oder hast du einen regelrechten Befreiungsschlag miterlebt? Hat sich deine Einstellung verändert?

Wenn du tief in dich reinhörst, hörst du möglicherweise diese Stimme, die dir sagt, dass du eigentlich nichts von alldem benötigst. Hör auf diese Stimme und befreie dich dem, was du vielleicht zu brauchen glaubst. Du bist perfekt, so wie die Natur dich geschaffen hat. Nichts und niemand auf der Welt ist es wert, sich äußerlich zu verändern. Die Gesundheit deines Körpers, dein Wohlbefinden und dein Glück sind die einzigen Dinge, die wirklich zählen.

monat   kw

montag

dienstag

mittwoch

donnerstag

freitag

samstag

sonntag

Unsere wahre Aufgabe ist es, glücklich zu sein.
- Dalai Lama -

Nachricht aus der Zukunft

Wie oft hattest du schon den Wunsch, du hättest damals gewusst, was du heute weißt und nicht getan, was du getan hast, weil du es nicht besser wusstest? Nicht selten wünscht man sich doch, man könnte in die Vergangenheit reisen und sich einen guten Ratschlag geben, um sich selbst vor einer schlimmen Erfahrung zu bewahren. Der ein oder andere Tipp aus der Zukunft von unserem älteren und bestimmt viel, viel weiseren Ich wäre mit Sicherheit auch nicht verkehrt. Das würde nicht nur das Lottospielen erleichtern.

Halte dich gut fest! Heute ist nämlich dein Glückstag. Es wartet nämlich tatsächlich eine Nachricht aus der Zukunft auf dich. Du musst sie nur noch schreiben.

Deine Aufgabe diese Woche lautet: **Mache eine gedankliche Zeitreise zu deinem 90. Geburtstag und schreibe dir selbst einen Brief an dein jetziges Ich!**

Stell dir vor, du hast ein langes und erfülltes Leben gehabt. Wie hat es ausgesehen? Was hat dein Leben so glücklich und erfüllt gemacht? Was hat dein Leben bestimmt? Was waren die glücklichsten Momente? Durch welche Erfahrungen hast du am meisten gelernt? Wofür bist du bekannt? Worin warst du anderen Menschen ein gutes Vorbild? Welche Spuren hast du für die Nachwelt hinterlassen? Und am allerwichtigsten: Welche Lebensweisheiten, Ratschläge und Tipps möchtest du deinem jüngeren Ich mit auf den Weg geben?

08 Körperliebe

Mein Körper ist mein Zuhause

Was bedeutet Körperliebe für dich? Also neben dem ganz Offensichtlichen meine ich. Klar, seinen Körper zu lieben. Aber was bedeutet dir diese Liebe zu deinem Körper? Kannst du die Frage, ob du deinen Köper liebst, mit einem klaren ‚Ja' beantworten? Ich muss gestehen, mir fällt es nicht ganz so leicht.

Wenn ich eine gute Phase habe, mich wohlfühle, dann bin ich durchaus zufrieden mit mir und meinem Körper. Aber wenn ich ehrlich bin, habe ich oft genug auch Phasen, in denen ich mich sehr schwertue, meinen Körper zu lieben. Obwohl ich schon lange nicht mehr versuche, wie die Models bei Victoria's Secret auszusehen, bewundere ich diese Frauen immer noch ganz tief in meinem Inneren für ihre Körper. Ich könnte wahrscheinlich nicht hundertprozentig ausschließen, dass ich in einem schlechten Moment die Möglichkeit ablehnen würde, so auszusehen, wenn ich es könnte. All die vielen Jahre, in denen ich der Gesellschaft und den Medien noch geglaubt habe, die Figur eines Models sei das Nonplusultra, haben ihre Spuren in meinem Unterbewusstsein hinterlassen.

Und wenn ich mir dann noch überlege, was es eigentlich heißt, wirklich zu lieben, dann muss ich mir eingestehen, dass ich es bisher wahrscheinlich nur zu dem Punkt einer mehr oder weniger liebevollen Zuneigung zu meinem Körper gebracht habe.

Erst in der Beziehung zu meinem Mann habe ich wirklich gelernt, was Liebe für mich bedeutet. Ihn zu lieben heißt, ihn mit all seinen Ecken und Kanten bedingungslos zu akzeptieren und seine Eigenheiten zu schätzen. Liebe hat für mich nichts damit zu tun, dass ich meinen Partner erst einmal so hinbiege und forme, wie ich es mir vorstelle oder wie ich es zu brauchen glaube, sondern ihn in seiner für mich liebenswerten Unperfektion zu lieben. Selbst wenn ich manchmal das Gefühl haben sollte, dass er mich mit irgendetwas in den Wahnsinn treibt, weil ich mich unverstanden fühle oder weil er einfach nicht meiner Meinung sein will, weiß mein Herz, dass ein Leben ohne diesen wunderbaren Menschen für mich nicht in Frage kommt. Nicht, weil ich mich von ihm abhängig fühle, sondern, weil ich mich mit meinem Herzen und meiner Seele für ihn entschieden habe und ihn nicht mehr missen möchte. Wenn mich jemand fragen würde, ob ich meinen Mann liebe, würde ich nicht den Bruchteil einer Sekunde zögern, selbst in Augenblicken, in denen ich ihn vielleicht gern einen Kopf kürzer machen würde.

Wie sieht es jetzt aber mit der Liebe zu meinem Körper aus? Ich habe mich nicht für meinen Körper entschieden, so wie ich mich für meinen Mann entschieden habe. Zumindest kann ich mich nicht daran erinnern, dass ich bei der Wahl meines Körpers so furchtbar viel Mitspracherecht gehabt hätte. Irgendwie bin ich also ,gezwungenermaßen' mit meinem Körper vereint worden. Das macht die ganze Situation ein bisschen komplizierter. Aber wahrscheinlich ist es auch besser so, dass man mir gar kein Mitspracherecht bei der Wahl meines Körpers gelassen hat. Ich bin mir nämlich ganz und gar nicht sicher, ob ich wirklich die weiseste Entscheidung getroffen hätte. Vermutlich hätte ich mir meinen Körper eher auf Grundlage von optischen Faktoren ausgesucht, statt wegen seiner Gesundheit und seinen Fähigkeiten. Das Leben oder Gott oder wer auch immer war wohl der Ansicht, mir den bestmöglichen Körper mit auf den Weg gegeben zu haben.

Wie liebt man nun aber etwas, das man sich nicht aussuchen durfte? Meine Eltern durfte ich mir auch nicht aussuchen und trotzdem liebe ich sie, obwohl sie nicht immer die allerbesten Entscheidungen getroffen haben. Wenn man daran denkt, was Eltern ihren Kindern antun müssen, bis die Kinder aufhören ihre Eltern zu lieben, ist das schon einigermaßen erschreckend. Aber zeigt eben auch, dass man jemanden, der alles andere als perfekt ist, trotzdem lieben kann, auch wenn man es sich nicht ausgesucht hat. Woran liegt es also dann, dass die Beziehung zu unseren Körpern so vergiftet ist? Liegt es an der Gesellschaft? An den Medien? Ist es wirklich so einfach?

Ist es überhaupt wichtig den genauen Grund dafür zu kennen? Oder sollte es nicht viel eher darum gehen, trotz der Gesellschaft und der Medien einen Weg zu sich selbst zu finden?

Machen wir uns nichts vor, ein Großteil der Medien ist ausschließlich dazu da, zu unterhalten und ganz viel Geld zu scheffeln, allen voran die sozialen Netzwerke. Ich will nicht sagen, dass man nicht auch gute Absichten mit Social Media verfolgen kann. Aber wenn wir ehrlich sind, wollen die meisten Nutzer eine seichte Ablenkung vom Alltag haben und sich nicht mit ernsthaften Themen auseinandersetzen. Und wer kann es ihnen verübeln?

Unser Alltag ist oft so stressig, da möchte man in den sozialen Netzwerken doch einfach mal abschalten und die schönen Dinge des Lebens genießen können. Aber aufrichtige Liebe ist nun eben nicht immer nur Friede, Freude,

Eierkuchen. Liebe hat genauso viel mit Hingabe, Einsatz und Verantwortung zu tun. Nur weil ich ein Foto von mir mit Unterwäsche, Cellulite und den Hashtags ‚bodylove‘, ‚bodypositivity‘ oder ‚körperliebe‘ hochlade, heißt das noch lange nicht, dass ich meinen Körper auch wirklich liebe.

Wenn ich an meine eigene Vergangenheit denke, wage ich sogar zu bezweifeln, dass man solche Bilder überhaupt von sich hochlädt, wenn man sich wirklich liebt. Wozu auch? Um die Erlaubnis anderer zu bekommen, sich trotz seines unperfekten Körper lieben zu dürfen? Nach dem Motto ‚Andere finden meinen Körper schön, obwohl ich Speckröllchen, Narben und Falten habe, also darf ich mich selbst auch schön finden.‘ Das hast du gar nicht nötig. Jeder Mensch, egal welche Figur er hat, hat prinzipiell doch das Recht, seinen Körper zu lieben.

Mir ist bewusst, dass man durch solche Bilder versucht, genau diese Botschaft zu senden ‚Ich liebe meinen Körper, obwohl er nicht perfekt ist.‘ Aber andere davon überzeugen zu wollen, man liebe sich selbst, und selbst überzeugt zu sein, sind zwei ganz und gar unterschiedliche Paar Schuhe. Vermutlich braucht man gerade, wenn man selbst noch sehr unsicher ist, erst einmal die Genehmigung von außen, dass man der Selbstliebe überhaupt wert sei. Das Problem ist, dass dir 99 Personen sagen können, wie wunderbar du bist, aber eine einzige Person ausreicht, die das Gegenteil sagt, und du wirst der einen Person glauben statt den 99, solange du selbst noch nicht an dich glaubst.

Was brauchen wir also, um von der nach außen inszenierten zu einer aufrichtigen Körperliebe zu kommen? Mit dieser Frage wollen wir uns im achten Monat unserer Reise beschäftigen. Jede der Aufgaben in diesem Monat soll dir helfen, einen besseren Zugang zu deinem Körper zu finden und eine liebevollere Beziehung zu ihm aufzubauen.

Lernen von den Meistern

Die eine Seite der Körperliebe ist, ein Gespür für den Körper zu entwickeln. Die andere Seite ist, den Körper als das Zuhause seiner Seele, Wünsche und Träume zu verstehen. So wie das Körpergefühl sich auf das Innenleben auswirken kann, hat das Innenleben einen großen Einfluss auf das Körpergefühl. Da sich die Wochenaufgaben diesen Monat alle in erster Linie mit dem Körpergefühl beschäftigen, möchte ich, dass wir uns in der Monatsaufgabe um unser Innenleben kümmern.

Aus diesem Grund darfst du diesen Monat ein Buch lesen, dass deine Selbstwahrnehmung positiv beeinflusst. Es muss kein besonders langes Buch sein. Es darf sogar ein Buch sein, dass du schon kennst. Wichtig ist nur, dass es ein Buch ist (am besten eine Printausgabe, damit dir dir Notizen machen und wichtige Stellen unterstreichen kannst), das positiv darauf ausgerichtet ist, deine Selbstwahrnehmung zu stärken.

Viele Bücher haben einen starken Fokus auf das gerichtet, was alles schlecht läuft. Es ist mit Sicherheit nicht verkehrt, auch mal Kritik zu äußern. Nur hast du leider nichts davon, wenn du am Ende des Buches weißt, was alles schiefläuft, aber eben keinerlei Ahnung, was du ändern kannst. Deshalb suche dir bitte ein Buch aus, das dir die positiven Aspekte aufzeigt und vielleicht sogar noch Übungen, wie du die positiven Veränderungen in dein Leben integrieren kannst.

Falls du nicht wissen solltest, welches Buch du lesen könntest, möchte ich dir drei Bücher vorschlagen, die mein Leben stark verändert haben:

1. Anita Johnston „Die Frau, die im Mondlicht aß"
   Der Fokus des Buches liegt zwar auf dem Thema Essstörungen, doch eigentlich geht es um so viel mehr als das. Mit Hilfe von Märchen werden die Probleme aufgezeigt, mit denen wir in unserer heutigen Gesellschaft als Frauen konfrontiert werden – beispielsweise Periode, Partnerschaft und Sexualität. Denn Essstörungen sind auch Auswirkungen von bestimmten gesellschaftlichen und sozialen Schwierigkeiten, mit denen wir uns heutzutage konfrontiert sehen.

2. Aljoscha Long und Ronald Schweppe „Die 7 Geheimnisse der Schildkröte"
3. Aljoscha Long und Ronald Schweppe „Bao und das Geheimnis der Gelassenheit"

   Ich habe gleich zwei Bücher von den beiden in meiner Liste, weil sie es schaffen, Persönlichkeits-Themen zu vermitteln, ohne dabei von ‚Mindset', ‚Higher Self' oder ‚Geburtsrecht' zu sprechen. Es ist erfrischend, wie nah sie am echten Leben bleiben. Sie verzichten auf abstrakte Gedanken, sondern bleiben bei dem, um was es eigentlich geht. Und kommen ganz ohne jegliche Selbstbeweihräucherung aus.

Egal, welches Buch du dir aussuchst, ich wünsche dir ganz viel Spaß beim Lesen und Wachsen.

monat   kw

montag

. . . .

dienstag

. . . .

mittwoch

. . . .

donnerstag

. . . .

freitag

. . . .

samstag

. . . .

sonntag

Erkenne das Wunderbare in dir.

Liebesbotschaften

Um den eigenen Körper lieben zu lernen, brauchen wir mehr als die Akzeptanz dessen, was wir nicht ändern können. Wir brauchen eine Investition in die Beziehung. Stell dir vor, du lernst jemanden kennen, den du ernsthaft magst. Dann investierst du zum einen Zeit, um den anderen besser kennenzulernen, und zum anderen Zuwendung, um dem anderen zu zeigen, wie viel er dir bedeutet. Beginne doch diese Woche damit, in die Beziehung zu deinem Körper zu investieren.

Für die erste Wochenaufgabe in diesem Monat brauchst du *zehn Klebezettel* (bitte nicht zu klein) und ein paar *Stifte*. Wenn du keine Klebezettel hast, nimmst du einfach normales Papier und Klebeband. Auf diese Zettel darfst du kleine Liebesbotschaften an deinen Körper schreiben.

z.B.:
Mein lieber Körper, ich liebe dich, weil du nur die allerbesten Absichten für mich hast.
Meine wundervollen Beine, ich liebe euch, weil ihr stark und kraftvoll seid.
Meine besonderen Augen, ich liebe euch, weil ihr ausdrucksstark seid.

Es bleibt dir überlassen, welchen Teilen deines Körpers du Liebesbotschaften schreibst. Es bietet sich hier durchaus an, deinen neuen Lieblingszonen aus dem ersten Monat noch einmal Raum zuzugestehen, falls du immer noch ein wenig mit ihnen haderst. Aber du bist da selbstverständlich ganz frei. Die Anzahl deiner Liebesbotschaften muss auch nicht auf zehn begrenzt sein. Du darfst so viele schreiben, wie du möchtest. Die Zettel dürfen ruhig unterschiedliche Farben haben, mit verschiedenen Farben beschrieben und mit Mustern verziert sein. Gestalte deine Botschaften so, dass sie dir gefallen.

Wenn du damit fertig bist, darfst du deine Botschaften gut sichtbar im Haus, in der Wohnung oder in deinem Zimmer an Orten verteilen, an denen du dich am besten so oft wie möglich am Tag aufhältst. Jedes Mal, wenn du während der Woche an einem solchen Zettel vorbeikommst, halte kurz inne, ließ die Botschaft, schenke dem entsprechenden Teil deines Körpers ein liebevolles Lächeln und schicke ihm ein warmes Dankeschön.

monat   kw

....

montag

....

dienstag

....

mittwoch

....

donnerstag

....

freitag

....

samstag

....

sonntag

Kümmere dich um deinen Körper.
Er ist der einzige Ort,
den du zum Leben hast.

Duschritual

Nachdem du die Beziehung zu deinem Körper in der vergangenen Woche vertieft hast, ist es an der Zeit, euch auch auf der körperlichen Ebene ein wenig näherzukommen. (Entschuldige bitte den Wortwitz, aber ich konnte es mir einfach nicht verkneifen.) Diese Woche darfst du deinen Körper mit den Händen erkunden. Da du wahrscheinlich mehr als einmal pro Woche duschst und deine Hände dabei sowieso schon an deinem Körper sind, bietet es sich doch an, die Aufgabe damit zu verknüpfen.

Diese Woche darfst du aus deiner gewöhnlichen Dusche ein Duschritual machen. Dazu plane bitte zunächst ein bisschen mehr Zeit zum Duschen ein – ungefähr zehn bis 15 Minuten länger als sonst. Um das Duschritual durchzuführen, machst du eigentlich alles wie immer – nur liebevoller. Anstatt dich also morgens oder abends unter die Dusche zu begeben, um dich schnell sauber zu kriegen, nimmst du dir Zeit für deinen Körper. Stelle dir vor, es wäre der Körper einer geliebten Person, der du all deine Liebe zeigen möchtest.

Stelle bewusst eine angenehme Wassertemperatur ein. Lass das Wasser über deinen Körper laufen und spüre, wie es erst deine Kopfhaut berührt, dir langsam über das Gesicht, den Hals und die Schultern fließt. Folge dem Weg des Wassers über deinen ganzen Körper bis hin zu deinen Füßen. Fühle wie mit dem Wasser ein angenehmer Schauer deinen Körper erfüllt, wenn es sanft deine Haut massiert und sich warm um deinen Körper schmiegt. Schließe ruhig deine Augen dabei, um deine Empfindungen noch intensiver wahrnehmen zu können.

Wenn du dann deine Haare oder deinen Körper einseifst, nimm auch diese Abläufe ganz bewusst wahr. Welche Gerüche umgeben dich? Wie fühlt sich deine Haut unter dem liebevollen Druck deiner Finger und Hände an? Wie fühlt sich deine Haut aber auch durch deine Finger und Hände an? Kannst du die Haare auf deinen Armen spüren? Fühlt sich die Haut im Gesicht anders an als am Bauch? Nimmst du Muttermale, Narben und Fältchen wahr? Erkunde deinen Körper beim Einseifen und Abduschen wie eine lebende Landkarte.

Bleibe auch beim Abtrocknen, Eincremen und Anziehen in dieser bewussten Wahrnehmung deines Körpers. Merkst du Unterschiede in deinen Empfindungen beim Eincremen gegenüber dem Einseifen? Fühlt sich dein Körper trocken anders an als nass?

Sorge dafür, dass du eine angenehme Atmosphäre für dein Duschritual hast. Wenn du gern Musik dabei hören möchtest, achte bitte darauf, dass es leise meditative oder klassische Instrumentalmusik ist, die deine Aufmerksamkeit nicht durch Liedtexte ablenkt. Suche dir auch bitte keine Musik aus, die dich runterzieht oder traurig macht, sondern sich entspannend auf dich auswirkt. Wenn du magst, kannst du auch Kerzen im Bad anzünden.

Falls du nicht allein wohnen solltest, wäre es gut, wenn du deine Mitbewohner vorher darüber informierst, dass du etwas länger ungestört im Bad sein möchtest. Damit nicht alle fünf Minuten jemand an die Tür hämmert, weil er auf die Toilette muss, sondern du Zeit hast, um dich auf dich zu konzentrieren. Wie oft du das Duschritual diese Woche durchführst, ist deine Sache. Für einen positiven Effekt wäre es allerdings wünschenswert, wenn du dir mindestens zwei- bis dreimal die Zeit dafür nehmen würdest.

monat   kw

montag

dienstag

mittwoch

donnerstag

freitag

samstag

sonntag

Liebe mit was du geboren wurdest.
Denn es ist wunderschön.

Natürliche Grenzen

Ist dir schon mal aufgefallen, dass unsere moderne Gesellschaft sehr große Schwierigkeiten hat, natürliche Grenzen zu akzeptieren? Sie scheint förmlich davon angetrieben zu werden, sämtliche Grenzen zu durchbrechen? Der Mensch kann nicht fliegen? Dann bauen wir eben Flugzeuge! Jemand kann nicht singen? Dann erfinden wir eben Computerprogramme, die aus jedem Katzengejammer eine Nachtigall macht! Eine Frau hat zu kleine Brüste? Dann erfinden wir eben Silikon-Kissen!

Der natürliche Drang des Menschen, Grenzen zu überwinden, hat großartige Erfindungen hervorgebracht, sorgt aber eben oft genug auch für enormen Druck. Wer hat denn das Recht zu entscheiden, wie groß die Brüste einer Frau zu sein haben?

Evolutionsbiologisch betrachtet könnte man jetzt vielleicht denken, größere Brüste sind ein Zeichen dafür, dass eine Frau gut genährt ist und deswegen mehr Muttermilch für ihr Kind hat. Und da Männer ja vor allem das Wohlergehen ihres Nachwuchses im Sinn haben, wollen sie sicherstellen, dass ihre Nachkommen in den ersten Monaten gut versorgt sind. Nur sagt die Größe der Brüste in unseren Breitengraden, wo wir alle gut genug genährt sind, um Kinder stillen zu können, gar nichts über die Menge der Muttermilch aus. Eine kleinere Brust kann unter Umständen sogar mehr Milch produzieren als eine größere. Die Größe der Brüste ist also so was von schnurzpiepegal. Auf der Flucht vor einem Säbelzahntiger sind kleine Brüste wahrscheinlich sogar deutlich erfolgversprechender.

Silikon-Kissen in Frauenbrüste zu stecken ist wahrscheinlich eine der unnötigsten Erfindungen der Menschheitsgeschichte. Wenn nämlich niemand einer Frau das Gefühl geben würde, die Größe ihrer Brüste sei in irgendeiner Form problematisch, würde sie die Größe ihrer Brüste gar nicht als problematisch empfinden.

Der erste Schritt besteht also darin, eine natürliche Grenze zu problematisieren. Der zweite Schritt besteht wiederum darin, das Gefühl zu vermitteln, diese Grenze sei eine echte Einbuße von Lebensqualität, die es unbedingt zu überwinden gilt. Die moderne Wirtschaft bietet sich großzügiger Weise für die Lösung unserer fürchterlichen Beschränkungen an, indem sie zum Beispiel

Silikon-Kissen für etwas entwickelt, das aus gesundheitlichen Gründen gar kein Problem darstellt.

Bitte versteh mich nicht falsch. Mir liegt es völlig fern, irgendjemand dafür zu verurteilen, dass er sich chirurgisch verschönert. Was mich stört, ist die Tatsache, dass Menschen vermittelt wird, sie müssten sich über ihre natürlichen Grenzen hinwegsetzen, um schöner zu sein. So lange wir eine freie Marktwirtschaft haben, in der die Interessen von Konzernen über die von Menschen gestellt werden, können wir daran nichts ändern.

Woran wir allerdings etwas ändern können, ist, wie wir selbst mit unseren natürlichen Grenzen umgehen. Die Grenzen, die uns die Natur gibt, haben durchaus alle ihre Berechtigung. Wir haben Beine zum Gehen und nicht Flügel zum Fliegen, weil unsere Bestimmung eigentlich auf der Erde und nicht in den Lüften liegt. Nun bleibt es uns selbst überlassen, ob wir dem folgen, was die Natur uns mitgegeben hat, oder ob wir andere Bereiche zu erobern versuchen.

Ich möchte dir diese Woche die Möglichkeit geben, dich mit deinen persönlichen Grenzen vertraut zu machen. Damit du dich eigenständig entscheiden kannst, was du mit den jeweiligen Grenzen machst. Welche Grenzen lohnen sich, sie liebevoll anzunehmen, und welche sind dazu da, in dem Prozess ihrer Überwindung zu wachsen?

1. Welche emotionalen, geistigen und körperlichen Grenzen erkennst du bei dir?

z.B.:

a.   Ich habe eine stabile Statur und deswegen eine kurvigere Figur, als es mir vielleicht manchmal lieb ist.

b.   Ich habe momentan keine gute Kondition.

_____

_____

_____

_____

_____

_____

_____

_____

_____

_____

_____

_____

_____

_____

_____

_____

2. Welche positiven Seiten erkennst du an deinen Grenzen?

z.B.:

a. Durch meine Statur bin ich viel widerstandsfähiger und kann mich besser behaupten.

b. Mein Körper weist mich daraufhin, dass ich mich wieder mehr um ihn kümmern darf.

_____

_____

_____

_____

_____

_____

_____

_____

_____

_____

_____

_____

_____

_____

_____

_____

_____

3. Welche deiner Grenzen möchtest du annehmen und sie in dein Leben integrieren, anstatt weiterhin gegen sie anzukämpfen? Und warum?

z.B.:

a.   Meine stabile Statur. Sie ist ein Teil von mir, an dem ich nichts ändern kann und möchte.

4. Welche deiner Grenzen sind es wert, überwunden zu werden? Und wie möchtest du sie überwinden?

z.B.:

b.   *Meine Kondition. Ich möchte versuchen 1 – 2 x pro Woche an der frischen Luft laufen zu gehen.*

Wenn du erneut in eine Situation kommen solltest, mit dir selbst und deinem Körper zu hadern, frage dich, welche positive Absicht deine natürliche Grenze mit dir hat. Will dir dein Körper wirklich das Leben schwer machen, den Spaß verderben? Oder hat dein Körper möglicherweise einfach andere Absichten mit dir? Ist es ihm wichtiger, dass du in einer Hungersnot genug Reserven hast, als die Figur eines Models zu haben? Oder glaubt er, dass es von größerer Bedeutung ist, dass dein drahtiger Körper zäh ist, als dass er einer Sanduhrfigur entspricht?

Dein Körper hat nur dein Allerbestes im Sinn. Leider vergessen wir das viel zu oft. Aber jetzt weißt du, wie du dich daran erinnern kannst. Und wenn doch mal alle Stricke reißen und du nicht die Kraft in dir findest, positiv zu denken, kannst du jederzeit dieses Buch in die Hand nehmen und dich von deinen eigenen Antworten inspirieren lassen.

Freiraum

monat   kw

montag

dienstag

mittwoch

donnerstag

freitag

samstag

sonntag

Schaue ohne zu bewerten.

Liebevolle Kunst

Du hast dich um mehr Zuwendung und Akzeptanz für deinen Körper bemüht. Ich habe das Gefühl, dass eure gemeinsame Beziehung auf einem sehr guten Weg ist. Ihr habt das Potenzial, ein echtes Traumpaar zu werden. Nachdem du letzte Woche vor allem mit deinem Verstand gearbeitet hast, ist es Zeit, deinen Körper sprechen zu lassen.

Das Kommunikationsmittel dazu ist Farbe. Egal ob *Fingerfarben* oder *Lebensmittelfarben*, Hauptsache flüssig und hautverträglich. Denn die Farbe soll auf deinen Körper, genauer gesagt auf die Teile deines Körpers, die noch bis vor einer Weile deine Problemzonen waren und mittlerweile zu deinen Lieblingszonen geworden sind. Ich bitte dich nämlich darum, dir an einem Tag in der Woche die Zeit zu nehmen, um deine Lieblingszonen mit viel, viel Liebe und deiner ganzen Kreativität bunt zu bemalen.

Am besten planst du dir dafür ordentlich Zeit ein und besorgst alle entsprechenden Materialien. Auf Pinsel kannst du verzichten. Viel besser ist es, wenn du direkt mit den Fingern auf die Haut malst. So bekommst du ein intensiveres Körpergefühl.

Suche dir dazu einen Ort in der Wohnung oder im Haus aus, wo du verkleckerte Farbe problemlos wieder entfernen kannst, oder lege großflächig Schutzfolie oder -papier aus. Und stell bitte wie immer sicher, dass du für den Zeitraum der Übung ungestört bist. Instrumentalmusik, Kerzen und Tee für eine angenehmere Atmosphäre sind jederzeit erwünscht.

Der Ablauf der Übung bleibt komplett dir überlassen. Ob du nur deine Lieblingszonen bemalst oder den ganzen Körper, ob jedes Körperteil ein eigenes Kleinkunstwerk wird oder ob du ein zusammenhängendes Gesamtkunstwerk schaffst, ob du eine, zwei oder alle Farben nehmen möchtest, liegt ganz bei dir. Der einzige Hinweis, den ich dir geben möchte, ist: Behalte dein Kunstwerk für dich und verzichte am Ende auf ein Foto. Dieses Kunstwerk ist für dich allein, den Moment und dein Herz bestimmt. Was du aus dem Hinweis machst, bleibt dir überlassen.

monat   kw

....

montag

....

dienstag

....

mittwoch

....

donnerstag

....

freitag

....

samstag

....

sonntag

Du hast alles, was du brauchst, in dir.

Perspektivwechsel

Es ist so schön, wie du dich entwickelst, wie sich dein Verständnis für deinen Körper verändert. Du bist ein wunderbarer Mensch mit einem wunderbaren Körper. Ich freue mich, dass du dieses Selbstverständnis immer mehr zulässt.

Deine nächste Aufgabe dient dazu, deine Beziehung zu deinem Körper weiter zu vertiefen. Wieder richten wir den Blick auf den Körper. Nur dieses Mal von innen.

Für die folgende Meditation darfst du dir jeden Tag der Woche etwa zehn bis 15 Minuten Zeit nehmen. Ob du dich dabei hinsetzen oder lieber hinlegen möchtest, ist deinen persönlichen Bedürfnissen und deiner Umgebung geschuldet. Solltest du sitzen, achte bitte darauf, dass dein Rücken gerade ist.

Idealerweise hast du einen geschützten Raum für die Meditation. Du kannst sie aber eigentlich an jedem Ort machen, an dem du dich gerade aufhältst. Je lauter dein Umfeld ist, desto größer wird natürlich die Herausforderung, bei dir selbst zu bleiben und dich nicht ablenken zu lassen. Beim ersten Mal wäre es also besonders wichtig, Ruhe zu haben. Umso sicherer du mit der Übung wirst, umso weniger wirst du dich von deinem Umfeld beeinflussen lassen.

Zum Ablauf der Meditation:

1. Wenn du eine bequeme Position gefunden hast, schließe die Augen. Atme einige Male tief ein und aus, bis du das Gefühl hast, innerlich zur Ruhe gekommen zu sein.
2. Nun beginne, deinen Körper von innen wahrzunehmen. Fang mit deinem linken Fuß an. Wie fühlt er sich an? Ist er warm oder eher kühl? Kannst du deine Zehenspitzen einzeln spüren? Streiche in Gedanken über deine Fußsohle, deinen Fußrücken und deine Ferse. Nimm den ganzen Fuß wahr. Taste dich dann langsam über deinen Knöchel, das Schienenbein und die Wade vor zu deinem Knie und deiner Kniekehle über die Vorderseite sowie die Rückseite deines Oberschenkels bis hin zur Hüfte.
3. Geh dann zur rechten Seite über, angefangen beim Fuß bis hin zur Hüfte.

4. Als nächstes widmest du dich deinem Gesäß und deinem unteren und mittleren Rücken sowie deinem Bauch und Brustkorb. Dann kommen die Arme. Beginne mit der linken Seite an der Hand, wandere über den Unterarm und Oberarm hoch bis zu Schulter. Wiederhole den Prozess auf der linken Seite. Zum Schluss kommen der Nacken und der Hals sowie dein Kopf inklusive deines Gesichts.
5. Sobald du mit deinem kompletten Körper durch bist, wiederholst den Körperscan noch zweimal.
6. Im Anschluss bleibe noch kurz ein paar Minuten sitzen oder liegen, um nachzuspüren, wie sich dein Körper jetzt anfühlt.

Falls du während der Meditation mit den Gedanken abschweifen solltest, was ganz schnell passieren kann, werde dir dessen bewusst. Nimm deine Gedanken kurz wahr und lass sie direkt wieder gehen. Nutze deinen Atem, um wieder zu der Meditation zurückzukehren. Mach an der Stelle weiter, an der du warst, bevor deine Gedanken abgeschweift sind. Du wirst feststellen, dass es dir mit jedem Mal leichter fallen wird, deine Gedanken bei deinem Körper zu lassen.

Vor allem wenn du die Meditation im Liegen machst, besteht die Möglichkeit, dabei einzuschlafen. Was nicht weiter schlimm ist. Solltest du besonders anfällig dafür sein, einzuschlafen, überlege dir, ob du nicht vielleicht beim nächsten Mal in eine sitzende Position wechseln möchtest.

Genug gesagt. Zeit zu meditieren.

Phase 03
Neue Wege gehen

09 Sexualität

Eine gesunde Sexualität braucht keinen perfekten Körper

Sexualität, was für ein wunderschönes Thema. Oder nicht? Vor nicht allzu langer Zeit wäre ich bei ‚oder nicht' gewesen. Denn Sexualität war die längste Zeit meines Lebens alles andere als ein schönes Thema. Nicht nur einmal habe ich Sexualität förmlich verflucht – zu viel emotionaler Schmerz, zu viele Probleme, zu viel Druck. Nein, Sexualität war nichts Schönes für mich. Wunderschön erst recht nicht.

Nicht nur in einer Beziehung habe ich den Orgasmus vorgetäuscht, weil ich glaubte, meinem Partner nicht zu viel Umstände bereiten zu dürfen. Nicht nur einmal hatte ich ernsthafte Beziehungsprobleme, weil ich nicht oft genug Sex wollte. Nicht nur einmal hatte ich Sex, weil ich entweder nicht in der Lage war, ‚Nein' zu sagen oder weil ich zu betrunken war, um überhaupt noch zu wissen, was ich tat.

Sex war vor allem eines für mich: ein Ego-Push. Ich war weder in der Lage, mich wirklich auf jemanden einzulassen, ihm wirklich zu vertrauen, noch war ich dazu fähig, meine Bedürfnisse zu äußern. Sexualität war auf das Begehrtwerden von Männern beschränkt. Das musste reichen. Und es hat gereicht, zumindest am Anfang einer Beziehung. Doch es kommt der Punkt, da reicht Begehrtwerden allein nicht mehr aus. Dann vergeht die Lust. Ich wäre nie auf die Idee gekommen, dass Sexualität anders laufen könnte. Wie denn auch?

Wenn man sich Sexualität in Filmen oder Serien anschaut, läuft das doch immer nach demselben Schema ab. Schöne Frau trifft auf attraktiven Mann, ein Blick, ein paar Probleme, die es zu überwinden gilt, der erste Kuss und ab in die Kiste. Leidenschaftliche Küsse, liebevolle Berührungen, ästhetische Körper, von Ekstase verzückte Gesichter und der perfekte Höhepunkt. Das Drama und die Frage nach dem weiteren Verhältnis werden auf danach verschoben.

Was mache ich denn, wenn das bei mir in Echt nicht auf diese Weise abläuft? Wenn ich beim Sex nicht so aussehe, nicht so empfinde, nicht so zum Höhepunkt komme? Irgendwo müssen die vom Fernsehen das ja herhaben. Das werden die sich ja wohl nicht etwa ausgedacht haben.

Bevor man als Jugendliche seine eigene Sexualität auch nur ansatzweise entdecken kann, ist man schon derartig zugemüllt von sämtlichen überästhetisierten Bildern und Darstellungen von Sexualität, dass man gar nicht frei herausfinden kann, was einem selbst gefällt. Dank der ganzen Werbereklamen, auf denen wunderschöne junge Frauen in Unterwäsche Autos verkaufen, und Sendungen wie *Germany's Next Topmodel*, in der Juroren 16-jährigen Mädchen sagen ‚Du sollst nicht die Frau fürs Leben darstellen, sondern das Mädchen für eine Nacht. Also zeig' das beim Tanzen.', wissen schon Mädchen im Grundschulalter wie sie auszusehen und sich zu bewegen haben, um sexuell begehrenswert zu sein.

Die sexuelle Befreiung der Frau hat nicht nur dafür gesorgt, dass wir selbstbestimmter sind, sondern ungünstiger Weise auch dafür, dass man halbnackte bis nackte Frauen nicht mehr nur noch in Schmuddelheftchen zu sehen bekommt. Ich muss ehrlich gestehen, dass ich nicht verstehen kann, warum sich Frauen (halb)nackt auf Social Media präsentieren, weil sie glauben damit zu zeigen, wie selbstbewusst und selbstbestimmt sie seien. Ich verstehe es noch weniger, wenn ich daran denke, dass ich selbst eine dieser Frauen war.

Es gibt für mich keinerlei plausible Erklärung dafür, einen nackten Körper zu fotografieren, ihn einer Öffentlichkeit zu präsentieren und zu behaupten, es hätte nichts mit Sexualität zu tun. Selbst Bilder von nackten Menschen im Biologiebuch haben etwas mit Sexualität zu tun. Genau deshalb sind sie ja in dem Buch. Dass Bilder in Erotikmagazinen mit Sexualität zu tun haben, wird wohl auch kein Mensch abstreiten. Nur in der Modeindustrie, in der Kunstszene oder bei politischen Bewegungen wird dem nackten Körper aus irgendeinem Grund die Sexualität abgesprochen.

Ich meine das gar nicht wertend. Aber wenn ein Frauenkörper inklusive Brüste und Scham nackt auf einem Bild zu sehen ist, mag das vielleicht etwas mit Kunst zu tun haben, aber eben immer auch mit Erotik. Nur weil wir auf Grund der Vielzahl, die wir jeden Tag an sexuell aufgeladen Bildern sehen, mit der Zeit abstumpfen, werden die Fotos an sich dadurch nicht weniger erotisch. Sondern wir einfach weniger empfänglich.

Die Frage ist, wie man in einer Gesellschaft, die Medienformate zulässt, in denen sich nackte Menschen vor laufenden Kameras daten, minderjährige

Frauen in Unterwäsche räkeln, Sadomaso-Praktiken Teil von romantischen Beziehungen sind und Werbung für Vibratoren zur Primetime läuft, zu einer gesunden Sexualität findet? Denn nichts davon hat etwas mit gesunder Sexualität zu tun. Nein, nicht einmal die so vielseitig angepriesenen Vibratoren.

Es mag sein, dass es Frauen gibt, deren Anatomie einen normalen Orgasmus nicht zulässt. Aber das sind weniger Frauen, als man vielleicht denkt. Das Problem der meisten Frauen sitzt nämlich nicht in der Vagina, sondern im Kopf. Und die extremen Reize, die ein Vibrator setzt, führen zwar dazu, dass auch Frauen, die sich bei einem Partner nicht fallen lassen können, zum Orgasmus kommen. Was an sich ja erst einmal schön ist.

Nur die Nebenwirkungen werden aus mir unerklärlichen Gründen von der Werbung und den ganzen TV-Sexexperten verschwiegen. Die starke Stimulation durch Vibratoren sorgt nämlich dafür, dass Klitoris und Vagina mit der Zeit so reizunempfindlich werden, dass der Vibrator immer stärker werden muss, damit die Frau überhaupt noch etwas empfindet, und dass kein menschlicher Sexualpartner dieser Welt überhaupt noch Reize setzen kann. Das heißt, wer in seiner sexuellen Erregung auf Vibratoren setzt, wird irgendwann auf natürlichem Wege nicht mehr in der Lage sein, einen Orgasmus zu bekommen.

Wir müssen also irgendwie den Weg zurück zu uns finden, um eine erfüllte Sexualität haben zu können. Dazu braucht es weder den perfekten Körper, noch Spitzenunterwäsche oder Vibratoren, sondern Selbstvertrauen, einen liebevollen Umgang und ganz viel Geduld. Ich weiß, dass wir uns mit der Sexualität in nicht ganz einfachen Gewässern bewegen. Mir ist auch bewusst, dass Veränderungen und Heilung in diesem Bereich mit sehr viel emotionalem Schmerz einhergehen. Das habe ich selbst am eigenen Leib erfahren. Aber ich verspreche dir, es lohnt sich, sich auf den Heilungsprozess einzulassen.

Ich kann dir nicht sagen, wie weit dich dieses Buch in deiner Reise zu einer erfüllten Sexualität bringen kann. Ich werde einen Teufel tun und dir versprechen, dass du nach diesem Monat eine absolut erfüllte Sexualität haben wirst. Dazu ist ein Monat viel zu kurz.

Außerdem werde ich mir nicht anmaßen zu behaupten, das Patentrezept für die sexuellen Probleme dieser Welt zu haben. Wie in jedem Monat geht es darum, Gedankenanstöße zu geben, neue Möglichkeiten zu eröffnen und erste Schritte in eine neue Richtung zu gehen. Den Weg fortführen darfst du dann für dich. Und egal welche Erfahrungen du in den nächsten vier Wochen machen solltest, denk immer daran, jeder Schritt auf neuen Wegen, guten neuen Wegen, ist ein kleiner Erfolg.

Mondblut

Jeden Monat kommt sie wieder, diese Zeit, in der alles anders ist. In der unser Körper besondere Zuwendung einfordert. Nicht immer können wir ihm die Zuwendung geben, die er eigentlich bräuchte. Zu viele Verpflichtungen, zu viel Stress, zu viele wichtige Dinge halten uns davon ab. Hier und da mal eine Schmerztablette und weiter geht es. Wir machen uns gar nicht bewusst, was wir unserem Körper mit unser Unachtsamkeit zumuten. Warum auch? Hierzulande ist die Periode nichts mehr als ein lästiger Besucher, den es durch entsprechende Hygieneartikel und Medikamente ruhigzustellen gilt.

Nicht auszudenken, wenn jemand etwas davon mitbekäme. Die Sichtbarkeit der Periode ist schlicht und ergreifend unerwünscht. Der Geruch erst recht. Und von der Gemütslage brauchen wir gar nicht anzufangen.

Eine Frau hat zu funktionieren, sich im Hintergrund zu halten und ja nicht die Frechheit zu besitzen, ihre Meinung auch mal ein wenig energischer kundzutun. ‚Oh da ist aber jemand schlecht drauf. Wohl kurz vor der Periode. Was?' Dieser Satz scheint 365 Tage im Jahr als Erklärung für das selbstbestimmte Verhalten einer Frau, das einem vielleicht gerade nicht in den Kram passt, Gültigkeit zu haben.

Aber die Periode ist weder ein unliebsamer Besucher noch ein Sündenbock. Die Periode ist ein ebenso heiliger Prozess wie der sexuelle Akt und die Geburt eines Kindes. Unsere Vagina ist etwas Heiliges. Sie ist das Tor zu einem neuen Leben. Sie ist der Tempel der größten Ekstase, die ein Mensch nur empfinden kann. Durch die Periode sind wir auf eine ganz besondere Art und Weise mit den Zyklen der Natur verbunden. Wie der Mond zu- und wieder abnimmt, bereitet unsere Vagina das Zuhause für ein mögliches neues Leben vor und lässt es wieder gehen, wenn die richtige Zeit noch nicht gekommen ist. Wie könnte etwas, das von der Natur genauso gewollt worden ist, auch nicht heilig sein?

In einigen Naturstämmen, die noch im Einklang mit den Zyklen der Natur leben, wird die Periode als Mondblut geheiligt. Hier werden die Frauen während ihrer Periode in besondere Hütten gebracht. Nicht um die Männer vor der Schande der Blutung zu schützen, wie es Teil unserer Tradition war, sondern um den Frauen einen Schutzraum zu geben. Die Hütten dienen für sie als Rückzugsort, an dem sie sich um nichts anderes kümmern müssen als um sich selbst. Die Männer stellen sich in dieser Zeit in den Dienst der Frauen, um sie mit allem Nötigen zu versorgen, was die Frauen für ihr Wohlergehen brauchen.

Ich möchte, dass du dir diesen Monat einen Schutzraum für deine Periode schaffst. Wahrscheinlich wirst du ungefähr abschätzen können, in welchem Zeitraum deine Periode kommen wird. Wenn du es nicht sowieso schon getan hast, markiere dir diesen Zeitraum in deinem Kalender. Versuche dir mindestens einen Tag in dieser Phase freizunehmen. Wenn du kannst, fordere einen Tag Urlaub von der Arbeit ein oder lass dich krankschreiben. Falls das unmöglich sein sollte, plane dir am Wochenende einen Tag ein.

Ich weiß nicht, wie es dir geht, aber bei mir ist der erste Tag der Periode immer besonders schlimm. Ich leide unter furchtbaren Rückenschmerzen und kann eigentlich gar nichts mehr tun. Früher habe ich dann einfach Schmerztabletten genommen und weitergearbeitet. Mittlerweile ist für mich klar, dass der erste Tag meiner Periode für nichts anderes da ist, als mir Ruhe zu gönnen. Wenn ein ganz wichtiger beruflicher Termin dazwischenkommt, funktioniert es natürlich auch nicht immer. Aber ich setze alles daran, meinem Körper seine Zeit zu geben, die er braucht. Genau das möchte ich von dir auch.

Dieser Tag gehört dir und deinem Mondblut. Kümmere dich um dich. Und wenn du kannst, lass dich auch gern ein wenig umsorgen. Vielleicht kann dein Partner, deine Mutter oder eine gute Freundin ein bisschen für dich da sein. Sorge dafür, dass du es so gemütlich wie möglich hast.

Mach dir eine Wärmflasche, einen leckeren Tee oder eine heiße Schokolade. Zieh dir warme Socken an und kuschel dich mit einer flauschigen Decke, deinem Lieblingskissen und deinem Lieblingsstofftier ins Bett oder auf die Couch. Lies ein gutes Buch, hör schöne Musik oder schau deine Lieblingsserie an. Schlaf, wenn du müde wirst, oder gönne dir ein entspannendes Bad mit ätherischen Ölen. Süßigkeiten und Knabberkram sind heute auch ausdrücklich erlaubt und erwünscht. Tu alles, was dir an diesem Tag guttut, und versuche besonders darauf zu achten, Dinge zu vermeiden, die dir Energie rauben. Denn dein Körper braucht heute alle Energie, die er nur kriegen kann.

Mir ist bewusst, dass nicht jeder denselben Freiraum hat und sich einfach mal einen ganzen Tag eine Auszeit gönnen kann. Als alleinerziehende Mutter mit zwei Kindern und Job ist das wahrscheinlich nahezu unvorstellbar. Aber vielleicht gibt es auch da Möglichkeiten. Wenn deine Kinder alt genug sind, können sie dich sogar unterstützen. Wenn sie noch klein sind und in den Kindergarten gehen, könntest du dir zumindest den Vormittag von der Arbeit freinehmen. Wenn du eine richtig schlimme Grippe hast, gehst du auch von der Arbeit nach Hause, also kannst du das ebenso, wenn du deine Periode hast. Du hast Sorgen, dass du dann den Haushalt nicht mehr schaffst? Das bisschen, was du während deiner Periode gerade irgendwie zustande bringst, holst du nach einer guten Erholungsphase locker wieder auf, sobald es dir besser geht. Das garantiere ich dir.

Solltest du gar keine Periode haben, weil du vielleicht schwanger bist, in einem Alter, in dem man keine Periode mehr bekommt, oder wegen gesundheitlicher Gründe, hast du dennoch das Recht auf eine kleine Auszeit. Auch ohne Periode schadet es nie, wenn man seinem Körper und seiner Seele bewusst Ruhe gönnt. Damit du dabei kein schlechtes Gewissen hast und denkst, du müsstest eigentlich doch etwas tun, erteile ich dir hiermit die offizielle Erlaubnis für deine Mondpause.

Freiraum

monat   kw

montag

dienstag

mittwoch

donnerstag

freitag

samstag

sonntag

Unsere intuitive Sexualität und Sinnlichkeit entspringen
dem tiefsten Teil unserer Weiblichkeit,
der Weisheit unseres Körpers und
der Verspieltheit unserer Seele.

– nach Anita Johnston –

Gesunde Sexualität

Könntest du die Frage, ob du eine gesunde und erfüllte Sexualität hast, spontan beantworten? Damit meine ich nicht mir oder jemand anderem, sondern dir selbst. Bei Umfragen und Studien wird wahrscheinlich in keinem Bereich so sehr geschummelt wie bei der Sexualität. Keiner will vor fremden Menschen zugeben, wie es wirklich um seine Sexualität bestellt ist. Zu groß ist die Sorge, was überhaupt normal ist. Was, wenn andere von uns denken könnten, wir hätten abnormale oder gar ‚perverse' Neigungen? Nicht auszudenken, was die Leute von uns halten könnten.

Ich muss zugegeben, dass es mich schon sehr verunsichert hat, dass die meisten deutschen Paare im Schnitt wohl zwei- bis dreimal die Woche Sex haben. Da kann ich absolut nicht mithalten. Allein um mein schlechtes Gewissen zu beruhigen, habe ich mich in früheren Beziehungen dazu gezwungen zumindest einmal die Woche Sex zu haben, um meine ‚Pflicht' als gute Partnerin zu erfüllen und um mein schlechtes Gewissen meinem Partner gegenüber zu beruhigen. Mittlerweile habe ich noch seltener Sex. Nämlich nur dann, wenn ich es wirklich möchte. Und ich verrate dir etwas, obwohl ich im Vergleich zum deutschen Durchschnitt viel seltener Sex habe, hatte ich noch nie so eine erfüllte Sexualität.

Ich habe dir das Alles jetzt nicht erzählt, um zu prahlen oder um zu sagen, dass weniger Sex automatisch erfüllender ist, sondern um dir Mut zu machen, deinen eigenen Bedürfnissen zu folgen.

Jeder Mensch ist anders. Jeder Mensch hat andere Bedürfnisse. Es gibt Menschen, die haben mehr Lust auf Sex. Es gibt aber genauso viele Menschen, die haben seltener Lust auf Sex. Bei der Sexualität geht es nicht um Quantität, sondern um Qualität. Was gut ist und was nicht, kannst nur du allein bestimmen. Wie oft oder selten, könnt nur ihr als Paar bestimmen. Lass dich nicht von irgendwelchen Zahlen in die Irre führen. Die Zahlen können dir nicht sagen, was für dich richtig ist, das kann nur dein Körper. Lerne, auf ihn zu hören und du wirst immer die richtige Antwort finden.

Um dich mit deinem Verhältnis zu deiner Sexualität zu befassen, habe ich dir einen Bogen mit 15 Aussagen zusammengestellt. Das System dürfte dir bereits bekannt vorkommen.

Lies dir die Aussagen bitte in Ruhe durch und entscheide dann, ob du der Aussage (eher) zustimmst oder (eher) nicht. Wenn du ihr (eher) zustimmst, dann mach hinter die Aussage ein +, wenn du ihr (eher) nicht zustimmst, ein –.

1.	Ich kenne meinen Körper gut.	
2.	Ich beschäftige mich mit meiner Sexualität.	
3.	Ich stehe in gutem Kontakt zu meinem Körper und verstehe seine Signale.	
4.	Ich kenne meine eigenen Bedürfnisse gut.	
5.	Ich kann meine Bedürfnisse äußern.	
6.	Ich nehme Rücksicht auf mich und meinen Körper.	
7.	Ich kenne meine Grenzen und stehe für sie ein.	
8.	Ich bin sehr geduldig mit mir selbst.	
9.	Ich mag meine Brüste, so wie sie sind.	
10.	Ich mag meine Vagina, so wie sie ist.	
11.	Ich mag meinen Körper beim Sex.	
12.	Ich kann mit meinem Partner über alles sprechen.	
13.	Ich kann beim Sex vertrauen und mich fallen lassen.	
14.	Ich habe eine erfüllte Sexualität.	
15.	Ich fühle mich beim Sex sehr wohl.	

Wenn du alle 15 Aussagen bewertet hast, zählst du alle + zusammen. Wenn du 13 oder mehr + hast, dann hast du eine sehr solide Beziehung zu deiner eigenen Sexualität. Das freut mich für dich. Solltest du weniger als acht + haben, wäre das ein Zeichen dafür, dass der Umgang mit deiner Sexualität noch um einiges besser werden darf.

Aber glücklicherweise hast du ja dieses Buch ;) Denn die Aufgaben in den nächsten Wochen sollen dir dazu dienen, einen besseren Zugang zu deinem ‚sexuellen' Körper zu bekommen.

Freiraum

monat   kw

montag

dienstag

mittwoch

donnerstag

freitag

samstag

sonntag

Sei stolz auf deinen weiblichen Körper!

Liebenswert statt sexy

Du sitzt mit einer gemischten Gruppe an Freunden in einem Lokal am Tisch. Die Stimmung ist gut. Ihr unterhaltet euch angeregt. Und du fühlst dich an diesem Abend richtig wohl. Auf einmal geht die Tür auf und eine attraktive Blondine betritt den Raum. Ihr roter Mund ist sinnlich geöffnet und ihre Katzenaugen leuchten verführerisch. Ihr schwarzes Kleid schmiegt sich um ihre wohlgeformten Kurven und ihre Hüften bewegen sich lasziv mit jedem Schritt auf hohen Schuhen. Ihre Ausstrahlung durchflutet den ganzen Raum und mit einer geschmeidigen Bewegung ihrer zierlichen Hand wirft sie die blonden Locken über die Schulter. Der Auftritt ist perfekt. Die Köpfe sämtlicher Männer im Lokal sind auf sie gerichtet. Ob du willst oder nicht, musst du dir eingestehen, dass die Wirkung dieser Frau auch dich nicht verfehlt.

Und mit einem Mal fühlst du dich lange nicht mehr so wohl in deiner Haut. Selbstzweifel beginnen an dir zu nagen. Warum hast du nicht diese Wirkung auf Männer wie sie? Im Vergleich zu ihr fühlst du dich ganz klein, unbedeutend und irgendwie auch unsexy. Du fragst dich, wie es wohl wäre, ein bisschen mehr zu sein wie die Fremde – attraktiv und sexy. Ob dein Partner dich dann wohl mehr lieben würde?

Die längste Zeit meines Lebens habe ich versucht, genauso eine Art von Frau zu sein, weil ich glaubte, dass ich dann einen besonders attraktiven Mann finden würde. Aber ich musste lernen, dass man mit oberflächlichen Attributen auch nur oberflächlich interessierte Männer anzieht. Ich habe diese Blicke früher für die echte Bewunderung meiner Person gehalten. Nur haben sie ebenso wenig mit aufrichtiger Bewunderung zu tun wie der Weihnachtsmann mit Ostern.

Denn diese Blicke sind getrieben von körperlichem Verlangen. Männer, die eine Frau in der Art anschauen, tun das nicht, weil sie glauben, die Frau fürs Leben vor sich zu haben, die sie auf einer persönlichen Ebene besser kennenlernen wollen. Sie schauen, weil die ausgeprägten sexuellen Attribute der Frau ihren sexuellen Trieb anregen. In den Köpfen der Männer laufen in diesen Momenten keine Filmromanzen ab, sondern Pornos. Ich meine das überhaupt nicht wertend oder urteilend.

Ich will damit auch nicht sagen, dass Männer ihren Trieben machtlos ausgeliefert sind. Tatsache ist, dass wenn Frau einen Ausschnitt trägt, der mehr Brust zeigt als verdeckt, wird das einen heterosexuellen Mann dazu veranlassen, zu schauen und bestimmte hormonelle Prozesse in Gang setzen, ob der Mann nun will oder nicht. Es bleibt wiederum dem Mann überlassen, ob er nach einem ersten kurzen Blick woanders hinschaut und die hormonellen Prozesse wieder abklingen können oder ob er sich seinen Trieben hingibt und weitergafft. Eine sexuell aufreizende Aufmachung kann also nicht der Schlüssel zur Liebe sein.

Das wird allein schon dadurch klar, wenn man sich überlegt, wo dieser ‚sexy‘ Look ursprünglich herkommt: Aus der Pornoindustrie von erotischen Fotografien und Filmen. Eine Frau hat diesen kurvigen, blonden Schmollmundlook salonfähig gemacht wie keine zweite: Marilyn Monroe. Denn rate mal, wer das erste Cover des *Playboys* zierte. Irgendwie ist dieser Look mit der Zeit also in unseren Alltag übergeschwappt und mittlerweile zur Normalität geworden. Heutzutage kann man niemanden mehr damit Schocken, wenn man schwarze Spitzenunterwäsche gut sichtbar trägt, durchsichtige Blusen anzieht und Shorts, die den halben Po zeigen. Sich als Frau sexy zu geben, ist beinahe zur Pflicht geworden. Wer sich nicht sexy zeigt, kann als Frau ja auch gar nicht begehrenswert sein. Zumindest versucht man, uns das zu vermitteln.

Aber will man als Frau überhaupt sexy sein, eine ‚MILF‘ (mother I'd like to fuck) sein, begehrenswert sein? Begehrenswert zu sein, bedeutet das Begehren eines anderen wert zu sein. Wenn du mich fragst, ist das eine ganz schöne Verdrehung dessen, worum es bei einer erfüllten Sexualität eigentlich geht. Das hört sich fast an, als müsste man eine Leistung erbringen, um sich das Begehren eines anderen erst zu verdienen. Ganz blöde Idee. Denn wenn du einen Partner hast, der dich liebt, wie du bist, dann begehrt er dich um Deinetwillen und nicht aufgrund von erotischer Unterwäsche, einer perfekten Figur oder inszenierter Verführungskünste. Dann begehrt er dich als Mensch, deine körperliche Nähe und deine Liebe. Du bist also die Person, die darüber entscheidet, ob du begehrenswert bist oder nicht. Denn du bist der Mensch, der über deinen eigenen Wert entscheidet.

Die nächste Übung soll dir helfen, deinen sexuellen Körper fern von erotischen Bildern und Normen anzunehmen. Denn dein Körper wird nicht dadurch sinnlich, dass du ihn sinnlich machst, indem du ihn erotisch in Szene setzt. Du bist sinnlich, weil dein Körper dich sinnlich macht.

Für die Übung in dieser Woche brauchst du für etwa 15 – 20 Minuten absolute Ruhe und Ungestörtheit sowie einen angenehm warmen Raum mit einem Spiegel. Entledige dich deiner Kleider und stell dich splitterfasernackt vor den Spiegel.

Betrachte dich. Betrachte deinen Körper. Aber bewerte nichts von dem, was du siehst. Jedes Mal, wenn ein negativer Gedanke kommen sollte, erinnere dich daran, dass dein Körper absolut perfekt ist, so wie er ist. Bewege dich, drehe dich. Schau dir jedes Detail an deinem Körper ganz genau an.

Wenn du das Gefühl hast, dir deinen Körper ganz genau angeschaut zu haben, mache mindestens fünf Aspekte an deinem Körper aus, die du besonders liebst. Für jeden negativen Gedanken, der sich dir dabei in den Kopf drängt, finde zwei weitere Aspekte an deinem Körper, die du liebst.

Beende die Aufgabe erst, wenn du mindestens fünf liebenswerte Aspekte und doppelt so viele positive wie negative Aspekte gefunden hast. Nimm dich selbst zum Abschluss liebevoll in den Arm (ich meine das wörtlich), streichle dich und bedanke dich bei dir für deine Liebe.

Falls es dir nach Ablauf der Zeit nicht gelungen sein sollte, die Aufgabe zu erfüllen, dann wiederhole die Aufgabe an einem anderen Tag. Wiederhole die Aufgabe so oft, bis du dich liebevoll im Spiegel betrachten kannst. Verstehe das bitte nicht als Strafe oder Zwang. Ich weiß, dass die Übung nicht leicht ist. Aber dein Körper ist es wert, von dir geliebt zu werden. Auch wenn dir die Übung zu Beginn viel abverlangen sollte, gib ihr immer wieder ohne jeglichen Zwang eine neue Chance. Aber lass sie bitte auch bleiben, wenn sie dich völlig verzweifelt machen sollte. Vielleicht ist jetzt noch nicht der richtige Zeitpunkt gekommen. Dann versuche es doch in einem Monat, in einem halben oder ganzen Jahr erneut. Wer weiß, vielleicht hast du einfach noch ein bisschen Zeit gebraucht, deinen sexuellen Körper in die Arme zu schließen.

monat   kw

montag

dienstag

mittwoch

donnerstag

freitag

samstag

sonntag

Sexualität hat nichts mit sehen, sondern mit fühlen zu tun.

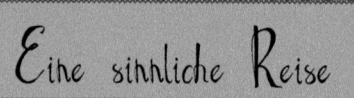

Eine sinnliche Reise

Sexualität, wie wir sie in unserer Gesellschaft leben, ist sehr stark auf den Höhepunkt ausgerichtet, den männlichen Höhepunkt. Denn der männliche Höhepunkt ist essenziell, wenn es um die Fortpflanzung geht. Und für mehr ist unserer Tradition zufolge die Sexualität gar nicht da.

Als Frau seinen Höhepunkt einzufordern, verlangt ein gesundes Selbstwertgefühl. Die Frau darf es sich wert sein, dass man auf ihre Bedürfnisse eingeht und sich um sie bemüht, auch wenn es deutlich mehr Zeit in Anspruch nehmen sollte als beim Mann. Doch selbst der weibliche Höhepunkt muss nicht das einzige Ziel von Sexualität bleiben. Möglicherweise braucht Sexualität ja nicht immer ein Ziel. Vielleicht darf Sexualität auch der Weg sein, ein Tor zu lustvollem Empfinden, eine Reise zu sich selbst, zur eigenen Sinnlichkeit, die nicht immer zwangsläufig im Höhepunkt endet.

Bevor man diese Reise mit einem Partner machen kann, braucht es Vertrauen in sich selbst, eine Vertrautheit mit dem eigenen Körper und den eigenen Bedürfnissen. Ich möchte dich diese Woche zu einer solchen Reise mit dir selbst einladen.

Alles, was du dafür brauchst, ist Zeit und einen ruhigen, geschützten Raum, in dem du dich wirklich wohlfühlst und dich niemand stören kann, selbst dein Partner nicht. Schließe ruhig die Tür ab, damit du die innere Sicherheit hast, dass dich niemand überraschen kann.

Sorge dafür, dass der Raum gut temperiert ist, so dass du nicht frierst oder zu sehr schwitzt. Du kannst Kerzen aufstellen, entspannende Instrumentalmusik laufen lassen und zu grelles Licht mit Hilfe von Tüchern dämpfen. Solltest du Spiegel im Raum haben, decke sie ruhig ab, damit sie dich nicht ablenken können.

Um dich auf die Übung einzustimmen, darfst du gern im Vorfeld ein Bad nehmen oder warm duschen. Lege dich nackt auf ein Sofa oder das Bett und beginne deinen Körper zu streicheln. Wenn du möchtest, kannst du dazu ein angenehm duftendes Naturöl benutzen. Wie es dir beliebt. Deine Augen darfst du entweder offenhalten, um dem Weg deiner Hände zu folgen, oder du schließt sie, um dich ausschließlich auf das Gespür deines Körpers einzulassen.

Bei dieser Übung gibt es kein richtig oder falsch. Alles ist erlaubt, was sich für dich gut anfühlt. Das Einzige, woran du dich bitte halten solltest, ist auf jegliche Hilfsmittel zu verzichten. Bei dieser Übung ist kein Platz für Sexspielzeuge.

Erkunde deinen Körper liebevoll mit deinen Händen. Berühre deine Brüste, bis sich die Brustwarzen aufrichten. Streichle deinen Bauch, bis du Gänsehaut am gesamten Körper bekommst. Und massiere deine Vagina, bis du zum Höhepunkt kommst oder eben auch nicht. Denn genau darum geht es nicht. Es geht nicht darum, dass du dich selbst so schnell wie möglich zum Höhepunkt bringst, sondern deinen Körper liebst. Wenn du im Verlauf deiner Erkundung spüren solltest, dass du gerne zum Höhepunkt kommen möchtest, dann lass es zu.

Aber setze dich bitte selbst nicht unter Druck. Gerade wenn du es gewohnt bist, ausschließlich durch Sexspielzeuge zum Höhepunkt zu kommen, wird es zu Beginn sehr schwer sein, vielleicht sogar unmöglich. Die Nerven in deiner Klitoris und deiner Vagina müssen sich erst einmal regenerieren, um auf normale Berührungen überhaupt noch reagieren zu können. Aber wie gesagt, um den Höhepunkt geht es bei dieser Übung nicht.

Versuche dich ganz auf deine Berührungen einzulassen. Wie fühlt es sich für dich an, wenn du deine Brüste berührst? Welche Stelle ist am empfindsamsten? Die Brustwarzen? Der obere Teil der Brüste? Oder die Falte unter den Brüsten? Wie fühlt es sich an, wenn du deinen Po streichelst? Magst du lieber eine sanfte Berührung wie von eine Feder? Oder fühlt sich ein leichter massierender Druck schöner an? Was passiert, wenn du über den Venushügel streichelst? Über die Innenseite deiner Oberschenkel? Was, wenn du dich selbst küsst? Am Arm? An den Händen? Erkunde behutsam und liebevoll deinen Körper mit Händen, Fingern und Nägeln, als würdest du deinen Körper völlig neu kennenlernen.

Wenn du mit deiner Erkundungsreise fertig bist, bleibe ruhig noch einige Minuten liegen, um nachzuspüren. Fühlt sich dein Körper nach der Begegnung mit dir anders an als sonst? Wie war die Reise für dich? Hast du einen neuen Zugang zu dir gefunden? Oder warst du womöglich die meiste Zeit eher verkrampft?

Ganz gleich, was du gefühlt hast, mit jedem weiteren Mal auf sinnlicher Reise wirst du deine Berührungen noch mehr genießen können. Du wirst dich besser kennenlernen, deinen Körper und deine Bedürfnisse. Was hältst du also von einer kleinen Weltreise ;)

monat   kw

....

montag

....

dienstag

....

mittwoch

....

donnerstag

....

freitag

....

samstag

....

sonntag

Entdecke das Wunder deiner Sexualität,
erkenne deine heilige Verbindung zu den Kräften der Natur
und befreie die sinnliche Macht deines Begehrens!
- nach Anita Johnston -

Liebesbrief

Nach dieser zugegebenermaßen recht aufregenden letzten Woche begeben wir uns noch einmal auf eine andere Art von Selbstheilungsreise. Ich habe mich dabei bewusst für das Wort Heilung entschieden. Nicht etwa, weil wir krank oder unnormal wären. Sondern weil wir in irgendeiner Weise meist Dinge erleben, die dazu führen, dass wir unsere natürliche, intuitive Sexualität verlernen. Und ich wünsche mir für dich und auch für mich, dass wir eben diese, unsere ganz eigene Sexualität wiederherstellen und uns selbst von den Anforderungen, Vorstellungen und Meinungen anderer heilen.

Damit die Wunden heilen können, die andere und wir selbst uns zugefügt haben, muss man zunächst die Ursache für die Wunden beheben. Die Ursache für eine in Schieflage geratene Sexualität ist meist eine in Schieflage geratene Beziehung zu sich selbst und seinem Körper. Leider sind für die in Schieflage geratene Beziehung nicht immer wir selbst verantwortlich. Oft genug fügen andere Menschen uns wirklich schlimme Dinge zu, die ihre Spuren bei uns hinterlassen. Aber in vielen anderen Fällen sind wir auch selbst mitverantwortlich, weil wir nicht für uns eingestanden sind und Dinge mit uns haben machen lassen, die nicht gut für uns waren. Hier geht es nicht um die Frage nach Schuld. Hier geht es darum, dich bei dir selbst und deinem Körper zu entschuldigen, dir selbst zu verzeihen, vielleicht auch für die Dinge, die dir andere zugefügt haben, und dich selbst in den Arm zu nehmen.

Ich möchte, dass du diese Woche einen Liebesbrief an deine Vagina schreibst, in dem du ihr schreibst, warum du so froh bist, dass es sie gibt. In dem du ihr schreibst, wie sehr du sie liebst und in dem du dich von ganzem Herzen bei ihr bedankst. Schreibe einen Brief an deine Vagina, als würdest du einem geliebten Menschen schreiben.

Ich werde dir keinerlei Vorgaben machen, wie lang dieser Brief sein soll. Die Liebe in einem Liebesbrief kann man nicht an der Anzahl seiner Worte oder Seiten ausmachen. Manchmal braucht Liebe keine großen Worte. Manchmal braucht Liebe aber auch ein paar erläuternde Sätze. Schreibe den Brief so, wie er sich richtig für dich anfühlt. Schreibe ihn mit deinem ganzen Herzen und er wird genau die richtige Länge haben.

10 Ernährung

Nahrung für mein Herz

Was würdest du sagen, wenn ich dir ein Angebot machen würde? Du hast die freie Wahl: Entweder bekommst du von mir die Garantie, dass du nie wieder in deinem Leben darauf achten musst, was du isst, nie wieder Sport machen brauchst und trotzdem dein gesamtes Leben lang schlank und schön bleiben wirst, dafür aber fünf Jahre weniger lebst. Oder Option zwei: Du wirst ein langes, glückliches und erfülltes Leben führen, dafür aber alle fünf Jahre zwei Kilo zunehmen. Wofür entscheidest du dich?

Vor wenigen Jahren noch hätte ich mich definitiv für Option eins entschieden. Wenn ich sehe, wie viele neue Fitness-Studios jedes Jahr aus dem Boden wachsen, würde ich vermuten, dass ich mit dieser Entscheidung nicht allein gewesen wäre.

Jeden Tag trainieren Millionen Menschen in Deutschland in Studios oder mit Apps zuhause. Wofür das Ganze? Natürlich um gesund und fit zu sein, sich selbst wohler in der eigenen Haut zu fühlen. Interessant. Die meisten Personen, die ich trainieren sehe, trainieren nicht für die Gesundheit, sondern für den perfekten Köper. Ein durchtrainierter Körper ist aber nicht dasselbe wie ein gesunder Körper. Sonst müssten Spitzensportler eigentlich am gesündesten sein. Komisch, dass gerade die aber aller spätestens mit Mitte 30 aufhören müssen, weil ihre Gelenke und Sehnen zu kaputt sind, um dem Sportpensum noch standhalten zu können.

Versteh mich bitte nicht falsch. Diäten und Fitness haben ihre Berechtigung. Wenn man stark über- oder untergewichtig ist, sollte man unbedingt eine individuell gesunde Ernährungsumstellung in Erwägung ziehen. Aber wenn eine obsessive Beschäftigung mit dem eigenen Körper, eine strikte Einschränkung des Essverhaltens und übertriebene Trainingsprogramme zum gesellschaftlichen Normalverhalten werden und die medial propagierte weibliche Idealfigur im leichten bis starken Untergewicht liegt, stimmt etwas nicht.

Letztendlich muss jeder selbst entscheiden, was für ihn oder sie richtig ist. Trotzdem möchte ich an dieser Stelle den Diät-Wahn und Fitness-Hype aus einer anderen Perspektive betrachten. Denn was leicht in Vergessenheit gerät: Eine Diät kann der Einstieg in eine Essstörung sein. Und nein, nicht jeder Mensch, der eine Diät hält, wird automatisch essgestört. Aber zu Zeiten von Low Carb Diäten, Eiweiß-Shakes und Cheat-Days sind Essstörungen näher als gedacht; vielleicht nicht die manifesten, aber doch zumindest die latenten.

Unter manifesten Essstörungen werden Krankheiten wie Magersucht und Bulimie verstanden, die man ohne therapeutische Hilfe kaum bewältigen kann. Was sind jetzt aber latente Essstörungen? Eine Essstörung ist per se erst einmal ein gestörtes Essverhalten. Klar.

Eigentlich essen wir, um Nährstoffe zu uns zu nehmen, die unseren Körper mit allem Notwendigen versorgen, damit die Organe funktionieren, wir gut gesättigt sind und genug Energie haben. Essen wir intuitiv, dann essen wir, wenn wir Hunger haben das, was unser Körper gerade braucht und er uns durch Signale zu verstehen gibt, und hören auf, sobald wir satt sind.

Dieses Essverhalten kann man bei gesunden Kindern gut beobachten: Das Kind hat Hunger und schreit nach Essen. Es will sofort Essen haben und nicht erst in einer Stunde oder zwei. Es will auch nicht irgendetwas, sondern Brot und Karotte. Gurke? Nein! Tomate? Nein! Also dann eben Brot und Karotte. Wenn es dann keinen Hunger mehr hat, hört es auf zu essen, selbst wenn die Karotte zu dreiviertel gegessen ist und man eigentlich noch eben den Rest hätte essen können. Das Kind hört genau jetzt auf zu essen, keinen Bissen später.

Leider verlernen wir dieses Essverhalten mit der Zeit. Wir essen aus Frust, wegen Stress oder Langerweile, weil wir traurig sind oder uns einsam fühlen. Wir essen über unser Sättigungsgefühl hinaus oder verzichten auf bestimmtes Essen, um abzunehmen.

Latent gestört wird Essverhalten dann, wenn sich die komplette Wahrnehmung nur noch ums Essen oder Nichtessen dreht. Darf ich das essen? Oder hat das vielleicht zu viele Kalorien? Wie lange muss ich trainieren, um zu verbrennen, was ich gerade nicht hätte essen sollen? Man hält ständig, immer Diät sein Leben lang. Man kontrolliert sein Essverhalten ganz genau, hat vielleicht sogar Angst, zuzunehmen. Man trainiert und trainiert und ist doch nie zufrieden mit dem Körper.

Fällt dir etwas auf? Viele, viele Menschen leben genauso. Ich wette mit dir, dass du mindestens eine Person in deinem Umfeld kennst, deren Gedanken um gefühlt nichts anderes Kreisen als um die Optimierung der eigenen Figur. Hier geht es nicht mehr um die Gesundheit, sondern, wenn wir mal ehrlich sind, um das Aussehen. Denn egal wie ‚gesund‘ du isst, der Stress, den du dir auf Dauer dabei machst, ist viel ungesünder als jeder Donut. Aber zum Glück gibt es ja Cheat Days.

Was muss die Fast Food-Industrie sich bei dem Abnehm-Hype gefreut haben, als Cheat Days erfunden worden sind. Cheat Days oder Cheat Meals sollen dir die Möglichkeit geben, sechs Tage die Woche strikt Diät zu halten, um deinen Körper in Topform zu kriegen, damit du einen Tag oder bei einer Mahlzeit alles essen darfst, was du möchtest. Dadurch sollen angeblich Heißhungerattacken vermieden und dein Stoffwechsel wieder angekurbelt werden, damit dein Körper nicht denkt, dass er in einer Hungersnot ist und auf Sparflamme geht, sondern weiß, dass es nur darum geht, abzunehmen und gefälligst anständig weiter stoffwechselt. Cheat Day also, weil man seinen eigenen Körper austrickst. Dabei gibt es natürlich Regeln: Du sollst kein schlechtes Gewissen haben, dich nicht überfressen und trotzdem nicht zu viele Kalorien auf einmal zu dir nehmen. Na, dann ist ja alles gut.

Ich bekomme Gänsehaut, wenn ich das lese. Als wäre der Körper ein Feind, den man überlisten muss. Dass man Heißhungerattacken bekommt, wenn man zu wenig Kohlenhydrate zu sich nimmt, liegt daran, dass der Körper besorgt ist, man könne unterversorgt werden und er einem deswegen das Signal gibt ‚hey, du musst unbedingt ganz viel essen, damit die Speicher wieder aufgefüllt werden'. Wie respektlos von unserem Körper. Dass der Stoffwechsel bei Diäten runterfährt, liegt daran, dass der Körper verhindern möchte, dass du verhungerst und deswegen alle körperlichen Prozesse nur noch auf Sparflamme stattfinden. Wie rücksichtslos von unserem Körper. Da will man sich in Ruhe runterhungern und der Körper meint einfach zu bestimmen, dass man gefälligst nicht zu verhungern hat. Frechheit!

Und was heißt überhaupt Topform? Topform im Sinne von gesund und fit? Dann musst du weder eine Low Carb-Diät halten noch cheaten. Dann kannst du nämlich einfach ausgewogen essen, dir ab und zu etwas ohne schlechtes Gewissen gönnen und moderat Sport treiben. Denn dann findet dein Körper von selbst sein Wohlfühlgewicht, mit dem er am fittesten und frei von Heißhungerattacken ist. Dann hast du vielleicht keine Modelfigur, aber eben deine individuelle, gesunde Form. Ach so… Topform im Sinne von perfekt modelliert. Sorry, kleines Missverständnis. Dann kämen wir aber wieder in den Bereich der latenten Essstörungen.

Und wer garantiert dir noch gleich, dass es bei einer latenten Essstörung bleibt, wenn du sechs Tage die Woche Diät hältst und einen Tag futterst? Das habe ich auch lange Zeit gemacht. Bei mir hat sich das allerdings Bulimie ohne Erbrechen genannt. Die große Preisfrage hierbei: Wo hört das Cheaten auf und wo fängt die Bulimie an? Gar nicht daran zu denken, wie sehr du dein Verdauungssystem durch den ständigen Wechsel von wenig auf viel Kalorien, Fette und Kohlenhydrate belastest. Gesund ist echt was anderes.

So lange aber Schönheit, Schlankheit und Aufmerksamkeit in unserer Gesellschaft immer mehr über den Wert eines Menschen entscheiden und als Kompensationsstrategien für ein geschwächtes Selbstwertgefühl fungieren, werden die offiziellen Zahlen an essgestörten Patienten weiter steigen und nur noch von der Dunkelziffer an latent essgestörten Menschen ohne intuitives Essverhalten übertroffen werden.

Du hast nur diesen einen Körper, der dich so sehr liebt, dass er mit allen Mitteln versucht, dich am Leben zu erhalten. Wenn dieser einzigartige Körper nicht mehr tut, dann tust du auch nicht mehr. Warum also wenig essen und übermäßig Sport treiben, um deinen Körper optisch zu optimieren? Iss gesund mit viel Genuss und bewege dich mit viel Spaß, um deinem Wunderkörper das zu geben, was er wirklich braucht. Lerne, auf die Signale zu hören, die er dir gibt. Liebe ihn wie er dich liebt und ich verspreche dir, du wirst zu deinem individuellen intuitiven Essverhalten frei von Normen und Regeln zurückfinden und ein langes, glückliches und erfülltes Leben führen.

Um die Bewegung werden wir uns nächsten Monat kümmern. Die Ernährung steht allerdings jetzt schon auf dem Plan. Ich habe dir verschiedene Aufgaben und Übungen zusammengestellt, die dir helfen sollen, wieder mehr zu einem intuitiven Essverhalten zurückzufinden. Essen ohne Stress und Druck, dafür aber genussvoll, gesund und achtsam.

Individuelle Küche

Was mich am meisten an der westlichen Schulmedizin stört, ist, dass sie alle Menschen über einen Kamm schert. In der Ernährung ist es nicht anders. Gewicht, Körpergröße, Geschlecht, Alter und der Grad an körperlicher Tätigkeit sollen die Faktoren sein, die bestimmen, wie viel jemand essen soll, darf, muss. Als wären wir eine Armee an Klonen, denen man einfach allen dasselbe Essen geben kann, um dieselbe Leistung zu erhalten. Nur sind wir keine Armee an Klonen. Wir sind Menschen mit unterschiedlichen Eigenschaften, Erfahrungen und Bedürfnissen. Wenn man sich anschaut, wie verschieden die Menschen sind, dann muss einem doch klar werden, dass gesunde Ernährung so nicht funktionieren kann.

Das Problem der Vereinheitlichung wird noch klarer, wenn man sich viele der herkömmlichen ‚Ernährungsexperten' anschaut. Die meisten von ihnen scheitern daran, dass sie ein einheitliches System auf alle gleichermaßen anwenden. Und den zweiten Fehler, den sie machen, ist, dass sie kalorien-, kohlenhydrat- und fettreduzierte Ernährung mit gesunder Ernährung verwechseln.

Chemische Ersatzprodukte zur Gewichtsreduktion haben rein gar nichts mit gesunder Ernährung zu tun. Und alles, was aus Reagenzgläsern statt aus der Natur kommt, hat auch eigentlich nichts auf unseren Tellern verloren.

Der einzige, der weiß, was gut für dich ist, ist dein Körper. Wie wir wissen, sind die Signale des Körpers allerdings nicht immer ganz leicht zu deuten. Und da wir auch nicht alle eine Ausbildung zum Ernährungsberater machen können, fühlen wir uns häufig überfordert. Glaube mir, ich fühle mit dir. Es gab Zeiten in meinem Leben, in denen hätte ich am liebsten gar nichts mehr gegessen, weil ich nicht mehr wusste, was überhaupt noch gesund war und was nicht. Klar, Obst und Gemüse. Aber wie viel? Drei Portionen? Fünf Portionen? Und jeden Tag kommen neue wissenschaftliche Erkenntnisse zum Vorschein, die das, was gestern noch gesund war, heute schon wieder verteufeln. Da kann man ja nur durchdrehen. Aber keine Angst, das bekommen wir alles in den Griff. Erst einmal kräftig ein- und ausatmen.

Um ein wenig Abstand von diesen verkopften Ernährungsweisen zu bekommen, möchte ich, dass du diesen Monat Reporter spielst und ein bisschen recherchierst, welche alternativen Formen der Ernährung es gibt, die weder mit einem Schema F noch mit Gewichtsreduktion zu tun haben. Egal, ob du Blogs besuchst, Artikel oder Bücher liest, Hauptsache du erweiterst deinen Horizont. Es geht auch nicht darum, dass du nachher ein absoluter Experte bist, sondern einen anderen Blickwinkel auf das Thema Ernährung bekommst.

Falls du dich jetzt völlig von der Aufgabe überfordert fühlen solltest, hast du hier ein paar Hinweise, womit du anfangen könntest:

- Ernährung nach TCM (Traditionell Chinesische Medizin)
- Ernährung nach TTM (Traditionell Tibetische Medizin)
- Ayurvedische Ernährung
- Alternativmedizin allgemein als Ausgangspunkt für verschiedene Ernährungsformen

Wenn du merken solltest, dass eine bestimmte Form der Ernährung dich besonders anspricht, kannst du dich gern ausschließlich mit dieser einen auseinandersetzen. Und versteh das Ganze bitte nicht als Arbeit. Es soll Spaß machen und dich nicht noch zusätzlich stressen. Du entscheidest, wie viel Zeit du der Monatsaufgabe einräumst.

monat   kw

---

montag

---

dienstag

---

mittwoch

---

donnerstag

---

freitag

---

samstag

---

sonntag

Du hast Gedanken, aber du bist nicht deine Gedanken.

Esstagebuch

Etwas Brot und Kaffee auf dem Weg zur Arbeit, ein gemischter Salat in der Kantine, Kaffee und ein paar Kekse während der Arbeit, Nudeln mit Sahnesoße zum Abendessen und etwas Knabberkram beim Fernsehen. Kein untypischer Speiseplan in Deutschland. Und ich meine das gar nicht unbedingt im Bezug auf die konsumierten Lebensmittel, sondern hinsichtlich der Art und Weise, wie wir essen. Wir essen nicht, um unserem Körper das zu geben, was er braucht, sondern um unseren Magen zu füllen. Häufig unbewusst zwischen Tür und Angel, während wir mit unseren Gedanken ganz woanders sind – in der Zeitung, beim Gespräch mit Kollegen, bei der Arbeit oder bei unserer Lieblingsserie.

Wie bewusst isst du? Und ich spreche nicht von kalorienbewusst. Bist du dir im Klaren, was du während des Essens machst? Isst du? Oder beschäftigst du dich währenddessen mit anderen Dingen, so dass du gar nicht wirklich wahrnehmen kannst, wie das Essen schmeckt, wann du satt bist und welchen Einfluss das Essen auf deinen Körper hat? Fast niemand hat noch wirklich Zeit, dem Essen den Raum im Alltag zu geben, den es eigentlich verdient.

Die erste Woche in diesem Monat soll dir helfen, dich selbst beim Essen zu beobachten. Anhand der Protokolle kannst du jeden Tag dokumentieren, was du genau isst, wie viel und vor allem wie es dir vor, während und nach dem Essen geht. Fühlst du dich entspannt oder gestresst? Kannst du das Essen richtig genießen? Oder hast du im Anschluss womöglich ein schlechtes Gewissen? Fühlst du dich angenehm satt und energiegeladen? Oder macht dich das Essen schwer und träge?

Versuche dein Esstagebuch zeitnah nach jeder deiner Mahlzeiten zu führen, damit sämtliche deiner Gedanken, Gefühle und Körperempfindungen noch so präsent wie möglich sind.

Tag 1:

Mahlzeit	Zeit, Ort	Vor und Während des Essens Aktivitäten, Gedanken, Gefühle, Körperempfindungen	Konsumierte Nahrung Was? Wie viel?	Nach dem Essen Aktivitäten, Gedanken, Gefühle, Körperempfindungen
Frühstück				
Mittag-essen				
Abend-essen				
Zwischen-mahlzeiten				

Tag 2:

Mahlzeit	Zeit, Ort	Vor und Während des Essens Aktivitäten, Gedanken, Gefühle, Körperempfindungen	Konsumierte Nahrung Was? Wie viel?	Nach dem Essen Aktivitäten, Gedanken, Gefühle, Körperempfindungen
Frühstück				
Mittag-essen				
Abend-essen				
Zwischen-mahlzeiten				

Tag 3:

Mahlzeit	Zeit, Ort	Vor und Während des Essens — Aktivitäten, Gedanken, Gefühle, Körperempfindungen	Konsumierte Nahrung — Was? Wie viel?	Nach dem Essen — Aktivitäten, Gedanken, Gefühle, Körperempfindungen
Frühstück				
Mittag-essen				
Abend-essen				
Zwischen-mahlzeiten				

Tag 4:

Mahlzeit	Zeit, Ort	Vor und Während des Essens Aktivitäten, Gedanken, Gefühle, Körperempfindungen	Konsumierte Nahrung Was? Wie viel?	Nach dem Essen Aktivitäten, Gedanken, Gefühle, Körperempfindungen
Frühstück				
Mittag-essen				
Abend-essen				
Zwischen-mahlzeiten				

Tag 5:

Mahlzeit	Zeit, Ort	Vor und Während des Essens — Aktivitäten, Gedanken, Gefühle, Körperempfindungen	Konsumierte Nahrung — Was? Wie viel?	Nach dem Essen — Aktivitäten, Gedanken, Gefühle, Körperempfindungen
Frühstück				
Mittag-essen				
Abend-essen				
Zwischen-mahlzeiten				

Tag 6:

Mahlzeit	Zeit, Ort	Vor und Während des Essens Aktivitäten, Gedanken, Gefühle, Körperempfindungen	Konsumierte Nahrung Was? Wie viel?	Nach dem Essen Aktivitäten, Gedanken, Gefühle, Körperempfindungen
Frühstück				
Mittag-essen				
Abend-essen				
Zwischen-mahlzeiten				

Tag 7:

Mahlzeit	Zeit, Ort	Vor und Während des Essens — Aktivitäten, Gedanken, Gefühle, Körperempfindungen	Konsumierte Nahrung — Was? Wie viel?	Nach den Essen — Aktivitäten, Gedanken, Gefühle, Körperempfindungen
Frühstück				
Mittagessen				
Abendessen				
Zwischenmahlzeiten				

Wie ist es dir in der Woche mit deinen Essprotokollen ergangen? Haben sie geholfen, deine Wahrnehmung hinsichtlich deines Essverhaltens zu schärfen? Kannst du bestimmte Muster erkennen, wenn du dir deine Aufschriebe anschaust? Verändert sich dein Essverhalten, wenn es dir gut geht oder wenn du gestresst bist? Isst du mehr, wenn du nebenher andere Dinge tust wie beispielsweise fernsehen? Kannst du bestimmte Lebensmittel ausmachen, die einen guten Einfluss auf dein Körperempfinden haben und welche, die wiederum keinen besonders guten Effekt haben?

Ein Esstagebuch wie dieses kann dir helfen zu erkennen, an welchen Punkten du deinem Körper gerecht wirst und wo vielleicht noch Handlungsbedarf besteht. Im Verlaufe der nächsten Wochen werde ich dir Aufgaben und Übungen stellen, die dir die ein oder andere Möglichkeit bieten, die Dinge zu verändern, die für deinen Körper möglicherweise nicht ganz ideal sind.

monat   kw

montag

dienstag

mittwoch

donnerstag

freitag

samstag

sonntag

Lass los und du bist frei.

Einfach Essen

Nimm bitte diese Woche noch einmal dein Essprotokoll aus der letzten Woche in die Hand. Wenn du dir die Spalte anschaust, in die du unter anderem deine Aktivitäten während des Essens eingetragen hast, was fällt dir auf? Isst du? Oder isst du nebenher? Was tust du während des Frühstücks? Während des Mittagessens und Abendessens? Und deine Zwischenmahlzeiten? Sind es Mahlzeiten oder doch eher kleine Snacks, während du eigentlich etwas anderes tust?

Essen ist so etwas unfassbar Tolles. Das internationale Topmodel Kate Moss soll gesagt haben, dass nichts so gut schmeckt, wie sich Dünnsein anfühlt. Ich bin definitiv anderer Meinung. Das richtige Essen zur richtigen Zeit kann die Lebensgeister wecken, Menschen verbinden oder aus einem mittelmäßigen einen besonderen Tag machen. Essen heißt Leben. Und Leben heißt Essen.

Bewusst zu essen heißt aus einem Apfel einen säuerlich süßen Apfel zu machen, aus einer Pizza eine Pizza mit fruchtiger Tomatensoße und herzhaftem Käse oder aus einem Stück Schokolade ein Stück Vollmilchschokolade mit knackigen Nüssen und salzigem Karamell. Um bewusst essen zu können brauchen wir allerdings eins – volle Aufmerksamkeit. Nur leider tendieren wir dazu, unsere Aufmerksamkeit vielen anderen Tätigkeiten neben dem Essen zu widmen. Schließlich sind wir ja multitaskingfähig. Zumindest behauptet man das.

Wenn man es genau nimmt, ist Multitasking eine Lüge. Natürlich können wir am PC arbeiten, nebenher telefonieren, im Hintergrund Musik hören und einen Donut essen. Nur nehmen wir von alldem nichts mehr wahr. Wir machen zwar alles irgendwie, aber eben auch irgendwie alles nur so ein bisschen. Am Ende des Tages können wir uns weder daran erinnern, welche Musik wir gehört haben, noch wie der Donut geschmeckt hat – außer vielleicht süß. Wahrscheinlich haben wir auch nur die Hälfte am Telefon mitbekommen, am PC den ein oder anderen Flüchtigkeitsfehler hinterlassen und fühlen uns zu all dem auch noch gestresst. Hätten wir eins nach dem anderen gemacht, wären wir unterm Strich nicht nur effektiver gewesen, wir wären auch deutlich entspannter.

Deine Aufgabe diese Woche lautet also, die Dinge im Alltag ausfindig zu machen, die dich während des Essens ablenken. Und damit meine ich wirklich alles, was nicht zum Essen dazugehört, selbst das Radio. Die einzige Art von Musik, die dich nicht zwangsläufig vom Essen ablenkt ist meditative Instrumentalmusik.

Wenn du diese Quellen der Ablenkung enttarnt hast, versuche im nächsten Schritt, sie zu minimieren. Auch wenn es zu Beginn ungewohnt sein mag, verzichte während des Essens auf: Zeitungen oder Zeitschriften, Handy oder PC, Bücher oder Fernsehen, Radio oder Playlists. Mache während deiner Essenszeiten bitte nichts anderes, als zu essen und dein Essen wahrzunehmen.

Beginne deine Aufmerksamkeit darauf zu richten, wie du dich beim Essen fühlst. Spüre, wie du mit jedem Bissen mehr ein angenehmes Gefühl der Sättigung empfindest und etwas von der Energie, die du deinem Körper durch das Essen zuführst. Spüre, wie du dich angenehm gesättigt fühlst, bevor du wirklich satt bist. Und wie schon ein kleines Stück Schokolade ausreichen kann, wo sonst eine ganze Tafel zu wenig ist. Lerne, Essen wieder zu genießen, es zu erleben, statt es einfach in dich verschwinden zu lassen.

monat   kw

montag

dienstag

mittwoch

donnerstag

freitag

samstag

sonntag

Sei es dir selbst wert, gut zu dir zu sein.

Festessen

Wie gestaltest du deine Mahlzeiten im Verlauf der Woche? Isst du häufig außerhalb oder eher Daheim? Wärmst du dir oft Fertiggerichte auf oder kannst du dir die Zeit nehmen, frisch zu kochen? Gönnst du dir auch mal was oder achtest du strikt darauf, was du deinem Körper gibst? Tendenziell ist es natürlich so, dass es für den Körper besser ist, wenn man vor allem selbstgekochte Gerichte ohne Zusatzstoffe zu sich nimmt. Dennoch erfordern bestimmte Lebenssituationen auch einfach, dass man ein Auge zudrückt oder zwei. Der Stress, den du dir machst, neben all der Arbeit auch noch stundenlang in der Küche zu stehen und so gesund wie möglich zu kochen, ist unter Umständen ungesünder als manches Fertiggericht. Solche Lebensphasen sollten nichtsdestotrotz Übergangsphasen bleiben und nicht Dauerzustände werden.

Insgesamt kann man im Vergleich zu anderen Ländern aber feststellen, dass wir Deutschen uns im Schnitt viel weniger Zeit fürs Essen nehmen als das unsere Nachbarn in Europa tun. Denk doch allein an die Franzosen oder Italiener, die manchmal über Stunden hinweg am Esstisch sitzen. Vom schulmedizinischen Standpunkt betrachtet essen die Italiener deutlich ungesünder als wir, wenn man bedenkt wie fettig sie essen und wie viel Wein sie trinken. Und trotzdem haben sie eine erheblich höhere Lebensqualität, weil sie besser als wir in der Lage sind, ihr Leben und ihr Essen zu genießen.

Lass uns diese Woche ein wenig was bei unseren lebensfrohen Nachbarn abschauen und uns ein richtiges Festessen gönnen. Da du dafür ein bisschen Zeit und Vorbereitung brauchen wirst, plane ruhig schon zu Beginn der Woche einen geeigneten Termin ein. Wenn du für gewöhnlich die Woche über vor allem außerhalb isst, dann nutze die Gelegenheit, selbst zu kochen. Wenn du sowieso fast immer selbst kochst, überleg dir, ob du vielleicht ausnahmsweise etwas bestellen möchtest.

Egal wie du es machst, probiere ruhig Neues aus. Es muss auch nicht unbedingt gleich ein Sonntagsbraten oder eine komplette Gans sein. Wichtig ist nur, dass viel Liebe drinsteckt. Vielleicht machst du als Vorspeise Antipasti und als Hauptgericht einen außergewöhnlichen Salat oder eine besondere Suppe und Tiramisu zum Nachtisch.

Lass dir Zeit für die Wahl und die Zubereitung deines Gerichts. Denn ein Festessen beginnt nicht erst am Tisch, sondern schon bei der bewussten Verarbeitung der Lebensmittel. Sorge für eine entspannte Atmosphäre in der Küche und bei Tisch. Gönne dir ein Glas Wein, Tischdekoration, Kerzenschein und mediterrane Instrumentalmusik. Hab Spaß bei der Zubereitung deines Festessens zu deinen Ehren.

Aber vor allem genieße jeden Bissen deines Festessens. Lege zwischen den einzelnen Bissen dein Besteck ab und lasse dich voll auf den Geschmack ein. Kaue bewusst und schmecke ganz genau hin. Nimm dein Besteck erst wieder in die Hand, wenn dein Mund leer ist. Spüre wie das Essen und die schöne Atmosphäre deine Lebensgeister beflügeln.

Wenn du mit einem Gang fertig bist, mach nicht direkt mit dem nächsten weiter, sondern lasse eine Pause. Falls du Gäste eingeladen hast, nutze die Zeit, um dich zu unterhalten. Falls du dein Festessen bewusst für dich allein machst, nutze die Pausen, um dich etwas hinzulegen, zu entspannen und dem Gang nachzuspüren. Schaue dir einen schönen Fotobildband an oder schreibe deine Gedanken auf. Wenn du das Gefühl hast, dass sich das Essen gesetzt hat, mach mit dem nächsten Gang so weiter wie mit dem vorherigen. Zelebriere mit diesem Festessen den Genuss, dich selbst und dein Leben.

monat	kw

montag

dienstag

mittwoch

donnerstag

freitag

samstag

sonntag

All deine inneren Antriebe haben eine gute Absicht.

- Bao -

Gesund knabbern

Als du dir dieses Buch gekauft hast, warst du unter Umständen nicht so zufrieden mit deinem Körper, wie er es eigentlich verdient hätte. Möglicherweise wünschst du dir auch immer noch, das ein oder andere Kilo zu verlieren, weil du dich immer noch nicht so recht wohl in deiner Haut fühlst. Ich möchte an dieser Stelle klarstellen, dass an dem Bedürfnis abzunehmen nichts verkehrt ist.

Die Frage ist, warum möchtest du abnehmen? Hast du leichtes oder sogar starkes Übergewicht? Möchtest du dich einfach wieder fitter und agiler fühlen? Oder hast du das Gefühl, du müsstest dich aus irgendeinem Grund äußerlich verändern? Ich wünsche mir für dich, dass du mittlerweile an dem Punkt bist, zu wissen, dass du eine äußerliche Veränderung nicht nötig hast. Aber egal, welche Gründe es auch immer sein sollten, weswegen du abnehmen möchtest, oder ob du einfach nur das Bedürfnis hast, gesünder zu leben, die Aufgabe in dieser Woche wird dich hoffentlich ein Stück weiterbringen.

Denn ganz gleich, ob du abnehmen oder gesünder werden möchtest, eine Sache wird niemals funktionieren: dir selbst Essen zu verbieten. Wenn du gern Süßigkeiten oder salzige Knabbereien isst, wirst du dir das Leben schwer machen, wenn du sie dir verbietest. Es gibt nichts Besseres als Verbote, wenn du dafür sorgen möchtest, dass deine Gedanken um nichts anderes mehr kreisen. Das ist wie mit dem rosa Elefanten. Wenn ich dir sage, du sollst bitte nicht an einen rosa Elefanten denken, woran denkst du dann? Wenn du dir Schokolade verbietest, was willst du dann unbedingt haben? Bestimmt keinen Apfel. Ich finde es gut, wenn du bewusster essen möchtest, aber bitte schränke dich dabei nicht in deiner Lebensfreude ein. Finde lieber gesunde Alternativen und Mittelwege für das, was du magst. Und ganz ehrlich, für mich ist ein Apfel definitiv kein Ersatz für ein Stück Schokolade.

Was könnten denn gesunde Alternativen für Schokolade sein? Das hängt davon ab, was für eine Art von Schokolade du isst. Wenn du handelsübliche Schokolade isst, wie man sie in jedem Supermarkt bekommt, wäre eine mögliche Überlegung, auf Bio-Schokolade umzusteigen. Der entscheidende Vorteil bei Bio-Schokolade ist nämlich, dass sie keine Zusatzstoffe hat. Und die Zusatzstoffe oft das sind, was dazu führt, dass wir nicht mehr aufhören können. Das gilt übrigens auch für Chips. Mach dir doch beim nächsten Einkauf die Mühe, die Inhaltsstoffe von Süßigkeiten und Knabberkram durchzulesen.

Dabei gelten zwei einfache Faustregeln: Erstens, iss nichts, wovon du den Namen nicht aussprechen kannst. Weil es sich dabei meist um rein chemische oder zumindest chemisch modifizierte Inhaltsstoffe handelt. Auch um Produkte mit der Bezeichnung ‚Gewürze' in der Liste der Inhaltsstoffe solltest du einen großen Bogen machen. Gewürze kann nämlich alles und nichts bedeuten. Und zweitens, je weniger Inhaltsstoffe, desto besser. Selbst wenn du keine Bio-Chips finden solltest, führt jeder Supermarkt zumindest salzige Kartoffelchips, die ausschließlich aus Kartoffeln, Öl und Salz bestehen. Auch das könnte eine Option statt den mit Zusatzstoffen vollgestopften Paprikachips sein.

Bei Schokolade wiederum lohnt es sich, eine Schokolade mit einem höheren Kakaoanteil zu nehmen. Deine Schokoladenlust wird durch den hohen Kakaoanteil schneller befriedigt sein. Wenn du sonst eher Vollmilchschokolade oder gar weiße Schokolade gewohnt bist, kann es sein, dass deine Geschmacksnerven sich zu Beginn erstmal ein bisschen auf den neuen Geschmack einstellen müssen. Du kannst ihnen den Weg dadurch erleichtern, indem du mit einer Schokolade mit 60% Kakaoanteil anfängst und dich langsam weiter hocharbeitest auf 65%, 70% und unter Umständen sogar auf 75%. Womit ich auch gute Erfahrungen als Schokoladenersatz gemacht habe, sind getrocknete Datteln zusammen mit Mandeln.

Du kannst auch bei deinen Essgewohnheiten an der Stellschraube drehen, ohne dir etwas komplett zu verbieten. Hast du dir zum Beispiel schon mal überlegt, ob du dir eine bestimmte Menge pro Woche erlaubst? Also vielleicht eine kleine Packung Chips, eine kleine Tüte Gummizeug und eine Tafel Schokolade pro Woche. Dann könntest du dir jeden Abend eine kleine Menge gönnen, ohne dir Gedanken darüber machen zu müssen, ob das jetzt zu viel war oder nicht.

Eine Sache, die besonders wichtig ist, wenn es um den gesunden Konsum von Süßigkeiten und Knabberkram geht, ist, wann und wie du es isst. Auch hier könnte wieder ein kurzer Blick in dein Essprotokoll helfen. Isst du beispielsweise besonders viel davon, wenn du vor dem Fernseher bist? Ganz und gar nicht ungewöhnlich. Zum einen liegt das an der vielen Essenswerbung, die ja genau dazu da ist, uns zum Essen zu animieren. Und zum anderen liegt es daran, dass du während des Fernsehens gar nicht bewusst isst und genießt. Da ist die Packung Chips weg, bevor du überhaupt merkst, dass du sie geöffnet hast.

Wenn du das Bedürfnis haben solltest, Schokolade oder Chips essen zu wollen, dann mach das bewusst. Mach doch ein richtiges kleines Festessen daraus mit Kerzen und Musik. Beiße ein Stück Schokolade ab und schmecke es mit all deinen Sinnen. Fühle, wie die Schokolade in deinem Mund zerläuft und wie du erst die herbe Süße wahrnimmst und dann die knackigen Nüsse. Du wirst merken, dass du viel schneller ein Gefühl von Befriedigung empfindest, als wenn du während des Fernsehens unbewusst Schokolade in dich reinstopfst.

Deine Aufgabe diese Woche lautet also:

1. Begebe dich auf die Suche nach gesunden Alternativen, die dir auch wirklich schmecken. Lass dich ruhig im Internet inspirieren.
2. Führe dich langsam an die Änderung deines Geschmacks ran. Denn abrupte Änderungen haben noch niemandem langfristig geholfen.
3. Gönne dir eine bestimmte Menge an Süßigkeiten und Knabberkram, die du ohne schlechtes Gewissen essen kannst.
4. Esse und genieße bewusst.

Freiraum

monat .... kw ....

montag

dienstag

mittwoch

donnerstag

freitag

samstag

sonntag

Where there is love there is life.
- Mahatma Ghandi -

Von Kindern lernen

Für mich gibt es wenig, was das Herz so beflügelt, wie Kinder in ihrer ehrlichen Freude zu beobachten. Große Kinderaugen, die zu leuchten beginnen, wenn ihr Blick all den bunten Plätzchen in der Vorweihnachtszeit begegnet. Kleine Patschehändchen, die versuchen nach dem Stück Pizza auf Mamas Teller zu greifen. Ein neugieriges Näschen, das über die Tischkante lugt, auf der Oma gerade den Sonntagskuchen zubereitet. Kinder haben eine so unverfälschte Art mit Essen umzugehen. Ihnen ist es egal, wie viel Kalorien etwas hat. Sie essen, was ihnen schmeckt mit vollem Genuss.

Auch du warst mal dieses Kind, das sich ohne schlechtes Gewissen am Essen erfreut hat. Und wahrscheinlich konnte keiner so gut kochen wie Oma. Was hast du dich gefreut, wenn du zu Oma zum Essen gehen durftest. Bei Oma zu essen, war ein Stück Heimat, ein Stück heile Welt, ein Stück Unbeschwertheit. Eine Unbeschwertheit, die wir nicht nur in Bezug auf Essen mit steigendem Alter zu verlieren scheinen. Viel zu sehr nehmen wir Essen mit dem Verstand wahr, wenn wir es denn überhaupt wahrnehmen. Aber Essen hat nichts mit dem Verstand zu tun, sondern mit Körperempfindungen.

Und je nachdem mit welcher Art von Essen wir groß geworden sind, verbinden wir mit verschiedenen Lebensmitteln oder Gerichten ganz bestimmte Emotionen. Mit einem Schokoriegel beispielsweise Trost, weil wir immer genau diesen einen Schokoriegel bekommen haben, wenn wir Kummer hatten. Oder mit einem Gericht familiäre Verbundenheit, weil es genau das immer gegeben hat, wenn die gesamte Familie zusammengekommen ist.

Ich möchte diese Woche mit dir ein Stück unbeschwerten Genuss zurück in dein Leben bringen. Deswegen bitte ich dich, kurz die Augen zu schließen und an deine Kindheit zurückzudenken. Was war dein absolutes Lieblingsessen als Kind? Waren es Fischstäbchen mit Kartoffelpüree und Kräutersoße? Oder waren es Schnitzel mit Pommes und Ketchup? Oder war es Milchreis mit Apfelkompott? Welche schönen Erinnerungen verbindest du mit diesem Essen? Vielleicht Erinnerungen an deine verstorbene Oma? Ein Gefühl von Sicherheit und Geborgenheit? Oder die pure Lebensfreude?

Wenn du dir darüber im Klaren bist, dann darfst du dir diese Woche einen Tag aussuchen, an dem du dir dieses ganz besondere Gericht zubereitest.

Womöglich hast du ja sogar noch das Originalrezept, ansonsten kannst du auch Kochbücher oder das Internet befragen. Versuche das Rezept so nah am Original wie möglich zuzubereiten, selbst wenn du eigentlich keine Tütensoßen nutzt. Schalte dieses eine Mal doch bitte deinen Verstand komplett aus. Denke nicht an Kalorien oder Fette. Die haben diese Woche gar nichts zu melden.

Gönne dir dein Lieblingsessen aus der Kindheit ohne schlechtes Gewissen. Genieße es mit jeder Faser deines Körpers und erlaube dir, in den schönen Erinnerungen deiner Kindheit zu schwelgen. Vielleicht kannst du dir etwas von dieser kindlichen Lebensfreude in dein Leben zurückholen und über das Essen hinaus bewahren. So wichtig ein bewusster Umgang mit Lebensmitteln ist, so wichtig ist es auch, sich manchmal einfach zurückzulehnen und zu genießen. Manchmal sind Kinder in ihrer offenen, unverkopften Art die allerbesten Lehrmeister. Manchmal lohnt es sich zu fragen, was würde mein kindliches Ich denn jetzt tun?

11 Bewegung

Im Gespräch mit meinem Körper

Das wir in einigen Bereichen als Deutsche zu den Marktführern gehören, ist nicht unbedingt etwas Neues. Aber wusstest du auch, dass wir zusammen mit Großbritannien sowohl zu den dicksten Nationen Europas (und damit auch weltweit) gehören als auch zu den fleißigsten Fitnessstudio-Besuchern? Jetzt könnte man meinen, dass wir deshalb so viele Mitglieder in den Fitnessstudios haben, weil natürlich die vielen übergewichtigen Menschen versuchen, ihr Gewicht zu verlieren. Aber wenn man sich das Klientel im Fitnessstudio anschaut, zeigt sich ein anderes Bild. Denn der größte Anteil derer, die dort hingehen, ist nämlich gar nicht übergewichtig, sondern bereits schlank und trainiert. Das kann erstmal die unterschiedlichsten Gründe haben. Aber merkwürdig ist es dann doch auch irgendwie.

Statista führte im Jahr 2016 eine Studie zu den Themen Sport und Freizeit durch, in der sie Frauen im Alter von 18 bis 69 Jahren unter anderem fragten, warum sie Sport trieben. Immerhin drei Viertel aller Frauen gaben ‚gesund bleiben' als Grund an und rund die Hälfte ‚als Ausgleich zum Alltag' oder ‚um die Kraft und / oder die Ausdauer zu optimieren'. Fast genauso viele gaben allerdings auch an, Sport zu treiben, ‚um das Gewicht zu reduzieren' und rund 40% aller Frauen auch, um ‚das äußere Erscheinungsbild zu optimieren' oder ‚um einen schöneren Körper zu bekommen'. Die optischen Anreize, Sport zu treiben, sind also fast ebenso wichtig wie die gesundheitlichen Aspekte. Freude an der Bewegung wird nicht in der Studie aufgeführt. Woran das wohl liegt? Entweder es war nicht Teil der Fragestellung der Studie oder zu wenig Frauen haben Freude an der Bewegung als Motivationsgrund angegeben.

Was sind denn deine Gründe, Sport zu treiben? Also wirklich ehrlich jetzt. Hast du Freude an der Bewegung oder musst du dich auch eher dazu zwingen, Sport zu treiben, weil du weißt, wie wichtig es ist. Geht es nur mir so oder klingt die Formulierung ‚Sport zu treiben' allein schon getrieben nach Zwang und Muss? Sollte die Motivation sich zu bewegen, nicht eher aus einem Körperempfinden heraus entstehen als aus irgendwelchen Vernunftgründen? Schließlich findet die Bewegung nicht im Kopf sondern im Körper statt. Aber Bewegung macht dir nun mal keinen Spaß, deswegen musst du dich eben dazu zwingen. Sport ist nur anstrengend und ätzend, ein notwendiges Muss. Oh, das kommt mir bekannt vor.

Es gab eine Zeit in meinem Leben, in der ich mich zum Sport gezwungen habe, um eine bestimmte Anzahl an Kalorien zu verbrennen. Solange ich diese Anzahl nicht erreicht hatte, habe ich nicht aufgehört. Eine Tafel Schokolade hat um die 550 Kalorien, also mussten auch 550 Kalorien verbrannt werden, selbst wenn ich mich an einem Tag alles andere als gut gefühlt habe. Ich habe alles getan, um ja nicht zuzunehmen, sondern am besten noch ein paar Kilo zu verlieren. Ich habe für den perfekten Körper trainiert. Nicht nur um schön zu sein, sondern auch um gesund zu sein. Schließlich ist es ja das, was wir vermittelt bekommen. Ein gut trainierter Körper ist gesund. Und ein besser trainierter Körper ist immer gesünder als ein weniger trainierter Körper. Schlank und muskulös ist gesund und deshalb auch erstrebenswert.

Hmm… Ja… Ganz so einfach ist es tatsächlich nicht. Selbstverständlich ist es sowohl für das Immunsystem als auch für die physische Widerstandsfähigkeit gut, fit und trainiert zu sein. Nur hat sich unser Verständnis von dem, was fit und trainiert ist, deutlich verändert. Fit sein bedeutet nicht automatisch auch, schlank zu sein. Fit sein bedeutet eigentlich, seiner individuellen Statur entsprechend in guter gesundheitlicher Verfassung zu sein – körperlich wie geistig.

Einen flachen Bauch und schlanke Beine zu haben, heißt nicht automatisch auch gesundheitlich fit zu sein. Spitzensportler haben meist Topfiguren, sind aber ab einem bestimmten Alter in keiner besonders guten körperlichen Verfassung mehr. Man kann durch zu extremen Sport seinem Körper gehörig schaden. Dann, wenn man über seine Grenzen hinausgeht und den Körper als Werkzeug auf dem Weg zu irgendeinem Ziel betrachtet – ganz gleich ob es sich dabei um ein Leistungs- oder um ein optisches Ziel handelt.

Immer dann, wenn wir mit unserem Handeln ausschließlich Ziele verfolgen, braucht es einen besonders eisernen Willen, um den inneren Schweinehund zu überwinden. Denn dann müssen wir Dinge tun, die wir eigentlich gar nicht tun wollen. Die wir eigentlich nur deshalb tun, weil wir eben dieses Ziel erreichen wollen. Dann fühlt sich jede Minute, die wir joggen, wie eine halbe Ewigkeit an. Vor allem an Tagen, an denen unser Körper andere Bedürfnisse hat, wird jeder einzelne Schritt zur Qual.

Stell dir vor, du würdest nicht joggen, weil es gesund ist oder weil du dadurch Kalorien verbrennst, sondern weil du es genießt, die Kraft deines Körpers zu spüren. Stell dir vor, du würdest dich bewegen, weil dein Körper das Bedürfnis hat, sich zu bewegen, und nicht weil dein Kopf dir sagt, dass du dich eigentlich bewegen solltest. Stell dir vor, du würdest dir eine Form der Bewegung aussuchen, bei der du zwar weniger Kalorien verbrennst und deine Ausdauer nicht optimieren kannst, aber bei der du Spaß hast. Genau das ist die Art der Bewegung, die dein Körper eigentlich braucht: kraftvoll, bewusst und mit Freude.

Ich garantiere dir, wenn du aufhörst, deinen Körper zu etwas zu zwingen, wirst du in der Lage sein, Spaß an der Bewegung zu erfahren. Denn wie du weißt, bedeutet Bewegung Leben und Stillstand Tod. So wie jeder Körper sein natürliches Bedürfnis hat, zu ruhen, hat er ein natürliches Bedürfnis, sich zu bewegen.

Die gesunde Balance zwischen Aktivität und Ruhe ist unserer Gesellschaft abhandengekommen. So lange Zeit Geld ist, bleibt auch keine Zeit für Ruhe. Immerzu müssen wir irgendetwas tun, nur um unser schlechtes Gewissen zu beruhigen. Wer aber nicht genug Zeit hat, zu ruhen, wird auch kein Bedürfnis nach Bewegung entwickeln.

Es gibt verschiedene Möglichkeiten zurück ins Gleichgewicht. Eine ist, Sport zu treiben, um einen Ausgleich zum stressigen Alltag zu finden. Eine andere Option ist, uns so viel Freiraum für Ruhe zu geben, dass das Bedürfnis nach Bewegung von allein kommt.

Es bleibt deine Wahl, was das Richtige für dich ist. Ich werde dir diesen Monat Aufgaben geben, die dir helfen sollen, einen ungezwungenen Umgang mit Bewegung zu finden, der ohne Druck und Muss stattfindet, der deinem Körper die Möglichkeit gibt, in sein natürliches Bewegungsbedürfnis zurückzufinden.

Freiraum

Aktivität und Ruhe

Diesen Monat wartet eine Aufgabe auf dich, die dir mit Sicherheit besonders viel Freude bereiten dürfte. Ich möchte nämlich, dass du einen Wellness-Sporttag oder auch ein komplettes Wellness-Sportwochenende planst. Ob du eine Freundin, deine Mutter oder deinen Partner mit dabeihaben möchtest, ist deine Entscheidung.

Was mir wichtig wäre, ist, dass du eine ausgewogene Mischung von Aktivität und Ruhe hast. Solltest du im Alltag an sich schon viel Bewegung haben, plane gern ein bisschen mehr Ruhe ein. Solltest du für gewöhnlich eher zu wenig Bewegung haben, darf es an diesem Tag durchaus ein bisschen aktiver werden.

Wie du deinen Tag beziehungsweise dein Wochenende gestaltest, bleibt dir überlassen. Je nach Budget und Möglichkeiten kannst du dir überlegen, ob du ein Angebot von der Volkshochschule nutzen möchtest oder lieber ein Gesamtpaket bei einem Wellnesshotel buchst, ob du einen Erlebnistrip mit einem entsprechenden Anbieter machst oder die Planung selbst in die Hand nimmst. Es muss auch nichts Aufwendiges sein. Du kannst auch einfach nur eine Tageswanderung machen mit anschließendem Vollbad und Pflegemasken daheim sowie einem guten Essen zum Abschluss.

Und falls dein Monat jemals so voll sein sollte, dass sich kein freier Tag finden lässt, kannst du deinen Wellness-Sporttag auch wann anders machen. Wichtig ist nur, dass du zumindest die Planung des Tages abschließt, damit er garantiert stattfindet. Sei es dir wert, dich um dich und deinen Körper zu kümmern.

Ich wünsche dir auf jeden Fall ganz viel Spaß bei deinem Tag voll entspannter Bewegung und aktiver Ruhe ;)

monat   kw

montag

dienstag

mittwoch

donnerstag

freitag

samstag

sonntag

Letztendlich zählen nur drei Dinge:
Wie sehr du geliebt hast,
wie sanft du gelebt hast und
wie würdevoll du die Dinge hast ziehen lassen,
die nicht für dich bestimmt waren.
– Buddha –

Bewegungsfreiheit

Machst du regelmäßig Sport?

Wenn ja, warum? Aus gesundheitlichen Gründen? Um sportliche Ziele zu erreichen? Um deinen Körper optisch zu verändern? Übst du Sport aus, weil du Spaß an der Bewegung deines Körpers hast oder eher, weil du einen der oben genannten Zwecke verfolgst? Musst du dich oft zum Sport ‚zwingen' oder kommt das Bedürfnis nach Bewegung von allein?

Wenn nein, warum machst du keinen Sport? Weil dir die Zeit dazu fehlt? Oder dir Sport keinen Spaß macht?

Egal, ob du Sport machst oder auch nicht, Sportfrust hat meistens denselben Hintergrund: Druck. Entweder wir setzen uns selbst unter Druck, Sport zu treiben, weil wir wissen, dass wir eigentlich sollten oder müssten. Da bleibt für einen gemütlichen Spaziergang keine Zeit, weil man dabei weder genug Fett verbrennt noch die Ausdauer steigert.

Oder wir verlieren schnell die Motivation an der Bewegung, weil wir uns in unserer Haut unwohl fühlen, weil wir nicht können, wie wir sollten oder müssten. Da fangen Sportneulinge oder -wiedereinsteiger direkt mit dem vollen Pensum an, gehen das erste Mal ins Fitnessstudio und quälen sich eine Stunde auf dem Crosstrainer, um Fett zu verbrennen, und wundern sich, warum sie keinen Spaß dabei haben.

Die Natur hat uns nicht die Möglichkeit gegeben, unseren Körper zu bewegen, damit wir sportliche Ziele erreichen oder Kalorien verbrennen. Körperliche Bewegungsfreiheit ist Teil unseres Wesens als Lebewesen, als Tiere, als Menschen. Wir können uns bewegen, um die Welt zu erkunden, um durch die Wälder zu streifen und um Nahrung zu finden. Weil körperliche Bewegung aber Energie braucht, nehmen Lebewesen Nahrung zu sich, die sie mit der benötigten Energie versorgt.

Da hat sich mittlerweile wohl einiges geändert. Wir bewegen uns im Alltag meist zu wenig. Essen, um den Magen zum Schweigen zu bringen. Und trainieren, um Energie zu verbrennen. Verkehrte Welt. Wir haben das große Glück, dass wir uns bewegen können, und schätzen es viel zu wenig.

Gestatte dir diese Woche Zeit, deine Fähigkeit, dich zu bewegen, zu schätzen. Mache bitte jeden Tag einen Spaziergang von mindestens zehn bis 15 Minuten – einfach nur, um deinen Körper zu spüren.

Gehe langsam ohne Eile, ohne Ziel. Schätze jeden einzelnen deiner Schritte, selbst wenn er im Regen sein sollte. Würdige dieses großartige Geschenk.

Sollte dir dein Körper (nicht dein Verstand!) das Signal geben, das Tempo etwas anzuziehen, dann gib deinem Gefühl nach. Renne, sprinte und schleiche im Wechsel. Lass deinen Körper seinen Rhythmus finden, seinen Bedürfnissen folgen. Und wenn er an einem Tag hüpfen möchte, dann lass ihn hüpfen. Nimm jede deiner Körperempfindungen dankend an.

Solltest du ohnehin jeden Tag spazieren gehen, verstehe deine Spaziergänge diese Woche als Einladung, noch bewusster auf die Bewegungsfreiheit und die Bedürfnisse deines Körpers zu achten.

monat   kw

montag

dienstag

mittwoch

donnerstag

freitag

samstag

sonntag

Liebe deinen Körper. Er ist das Zuhause deiner Träume, deiner Wünsche und deiner mittelgrossen kleinen Verrücktheiten.

Shake it off

Kannst du dich noch an die Zeit erinnern, als Boybandposter deine Wände zierten? Als du noch mit Stöpseln in den Ohren quer durch dein Zimmer getanzt bist? Oder mit deiner besten Freundin zusammen keuchend auf dem Boden lagst, weil ihr alles in eure Playback-Performanz vor dem Spiegel gesteckt habt? Wie lange ist das her? Wahrscheinlich viel zu lange. Eigentlich doch ganz schön schade.

Aber das können wir ändern. Such dir dein Lieblingslied aus der Jugend oder dein aktuelles Lieblingslied aus, mach die Rollläden runter und verschließe die Zimmertür. Du kannst dir wahrscheinlich schon denken, was ich von dir möchte. Richtig, ich möchte, dass du durch den Raum oder die Wohnung tanzt, wie du es früher getan hast. Schalte den Kopf ab, verbanne Begriffe wie ‚albern' oder ‚kindisch' aus deinem Wortschatz und lass richtig die Sau raus. Pack deine besten Dancemoves aus und hab richtig viel Spaß dabei. Trau dich. Es sieht dich keiner. Außer natürlich du möchtest deine beste Freundin dabeihaben. Die ist selbstverständlich jederzeit willkommen.

Bei dieser Wochenaufgabe geht es einfach nur darum, loszulassen, deinen Körper ohne ein Ziel zu bewegen, dich selbst zu spüren und Spaß zu haben. Ob du dir jeden Tag ein neues Lied aussuchst oder gleich mehrere Lieder hintereinander durchtanzt, darfst du selbst entscheiden. Auch wenn es dir zu Beginn noch schwerfallen sollte, versuche dich darauf einzulassen. Dein Körper wird irgendwann von allein die Führung übernehmen. Und du wirst merken, es gibt fast nichts Besseres, um den Alltagsstress abzuschütteln, als den Körper richtig durchzuschütteln.

monat   kw

montag

dienstag

mittwoch

donnerstag

freitag

samstag

sonntag

Körperliebe erlangst du nicht,
indem du versuchst, den perfekten Körper zu erreichen.
Sondern indem du beginnst,
den Körper zu lieben, den du bereits hast.

Kennenlernen

In dieser Woche möchte ich gemeinsam mit dir herausfinden, zu was dein Körper in der Lage ist. Dabei geht es nicht darum, wie hoch du springen, wie weit zu werfen oder wie schnell du laufen kannst. Es geht um deinen ganz eigenen Bewegungsraum fern jeglicher Leistung. Ich bitte dich, diese Woche eine Art der Bewegung auszuprobieren, die du für gewöhnlich nicht praktizierst. Es sollte sich dabei um eine Form der Bewegung handeln, die vor allem darauf ausgerichtet ist, in Kontakt zu deinem Körper zu treten. Ganz egal, ob Yoga, Qi Gong oder meditatives Bogenschießen, ob Bauchtanz oder Ausdruckstanz, ob am Land oder im Wasser – Hauptsache es bietet dir die Möglichkeit, Körper und Geist in Einklang zu bringen.

Du kannst dir überlegen, ob du dazu ein Probetraining in einem entsprechenden Studio vereinbaren, ein Trainingsvideo daheim machen oder vielleicht frei für dich ins Schwimmbad gehen und deinen Körper einfach irgendwie im Wasser bewegen möchtest. Informiere dich über deine Möglichkeiten im Internet.

Wenn du dann in deiner Bewegungseinheit bist, versuche deinen Körper mit allen Sinnen wahrzunehmen. Spüre die Energie deines Atems, die Kraft deiner Muskeln, die Flexibilität deiner Sehnen und die Bewegungsmöglichkeiten deiner Gelenke. Spüre deine Lebendigkeit. Nimm aber auch deine Grenzen und die Warnsignale deines Körpers achtsam wahr. Spüre, wie dein Körper mit dir kommuniziert und lass dich auf ein offenes Gespräch mit ihm ein. Verstehe die ungewohnte Art der Bewegungen als Möglichkeit, dich selbst durch deinen Körper auf eine neue Art und Weise kennenzulernen.

monat   kw

montag

dienstag

mittwoch

donnerstag

freitag

samstag

sonntag

Wenn du es eilig hast, gehe langsam.
- Lothar J. Seiwert -

Natürliche Auszeit

Von morgens bis abends, von Montag bis Sonntag, 365 Tage im Jahr sind wir mit den Meinungen, Vorstellungen und Ansichten anderer Menschen konfrontiert – persönlich, über die gewöhnlichen Medien und über die sozialen. So bereichernd das Zusammenleben mit anderen Menschen ist, so sehr lenkt es doch manchmal den Blick von dem ab, was uns selbst bewegt. Nur wenn wir es schaffen, der Schnelllebigkeit unserer Zeit immer mal wieder für einen kurzen Augenblick zu entfliehen und zu unserer wahren Natur zurückzukehren, können wir ein gesundes und glückliches Leben führen.

Welcher Ort ist weiter von unserer reizüberflutenden Gesellschaft entfernt als unsere wunderschönen Wälder? Schon ein kurzer Spaziergang im Wald wirkt sich positiv auf unsere körperliche, emotionale und geistige Gesundheit aus. Durch die hohen Bäume abgeschirmt von all den ‚wichtigen‘ Dingen, die unser tägliches Leben begleiten, schenkt uns die Natur eine kleine Auszeit. Vorausgesetzt wir sind wirklich bereit, uns darauf einzulassen. Wer mit Musik in den Ohren oder mit den Augen auf dem Display durch den Wald stapft, der verwehrt sich selbst das Geschenk der Natur.

Gönne dir diese Woche eine Auszeit und unternimm einen mindestens einstündigen Spaziergang durch den Wald. Tierische Begleitung ist erlaubt, alle anderen dürfen dieses Mal bitte zuhause bleiben. Diese Wanderung ist nur für dich gedacht. Elektronik jeglicher Art ist ebenfalls unerwünscht. Handys sind maximal ausgeschalten erlaubt. Und weißt du, was du ebenfalls ausschalten darfst? Deinen Kopf. Es ist weder Zeit für Elektronik noch für Gedanken. Es ist Zeit für dich und deinen Körper.

Ich möchte, dass du deinen Spaziergang nutzt, um wirklich einen Komplettabstand zur Welt zu bekommen und zu dir zu finden:

1. Atme die frische Waldluft. Was riechst du? Den Waldboden? Die Bäume? Das Harz an den Bäumen?
2. Öffne die Augen. Was siehst du? Welche Bäume gibt es im Wald? Welche Pflanzen wachsen am Wegesrand? Kannst du irgendwelche Tiere beobachten? Vögel? Käfer? Vierbeiner?

3. Spitze die Ohren. Was hörst du? Deine Schritte auf dem Boden? Deinen Atem? Das Leben des Waldes? Die Stimmen der Tiere?
4. Beobachte deinen Körper. Was fühlst du? Die Bewegung deiner Beine? Das Heben und Senken deiner Brust? Die einzelnen Muskeln in deinem ganzen Körper?
5. Spüre deine Seele. Was sagt sie dir? Spricht sie Worte der Stille? Worte des Loslassens? Worte der Freude?

Lass dir gern auch immer mal wieder die Zeit, stehen zu bleiben, um über die Rinde eines Baumes zu streichen, Blumen und Blätter zu berühren oder den Ameisen bei ihrer Arbeit zuzuschauen. Oder halte einfach inne, um die Augen zu schließen und einfach nur zu sein.

Falls der nächste Wald zu weit von dir weg sein sollte, kannst du selbstverständlich auch einen Spaziergang über Wiesen und Felder machen oder am Strand. Die meisten Stadtparks eignen sich für die Aufgabe tatsächlich eher weniger, weil dort oft zu viele Menschen sind und zu wenig ‚unberührte' Natur. Denn deinen Körper, ohne ein direktes Ziel oder einen sportlichen Zweck in der Natur zu bewegen und zu spüren, braucht die lebendige Ruhe eines Waldes, weitläufiger Wiesen oder eines abgelegenen Strandes.

12 Seelenpflege

Wahre Schönheit kommt von innen

Seit Menschengedenken beschäftigen wir uns schon mit der Frage, was schön ist. Schön ist, was in seiner Gesamtwirkung einen angenehmen Effekt auf unsere Sinne hat. Schöne Musik, schöne Blumen, schöne Gefühle. Schönheit macht das Leben schöner. Ein schönes Leben haben zu wollen, liegt in der Natur des Menschen. Der Zugewinn von Glück und Liebe treibt unser Handeln ebenso an wie die Vermeidung von Kummer und Schmerz. Schönheit kann beide Wirkungen haben. Sie kann der Seele guttun, sie kann ihr aber auch schaden. Denn Schönheit kann in die Irre führen. Dann zum Beispiel, wenn das Erreichen von Schönheit zur Sucht wird, wenn Schönheit Glück und Liebe ersetzt.

Wer nur die Sonnenseiten des Lebens sucht, hat die Dunkelheit nicht richtig verstanden. So wie Pflanzen die Dunkelheit des Winters brauchen, um zu ruhen, um neue Kraft zu tanken, um das Alte hinter sich zu lassen, damit sie sich dem Neuen öffnen können, brauchen wir Menschen die Dunkelheit der Nacht, die Dunkelheit der Trauer.

Dunkelheit erinnert uns daran, dass wir keine Maschinen, sondern Lebewesen sind, die nur im Gleichgewicht von Ruhe und Aktivität ihren Weg gehen können. Nur in der Stille der Dunkelheit kann der Verlust der Vergangenheit heilen, damit überhaupt Raum für Zukünftiges entstehen kann. Wer die Dunkelheit nicht zulässt, hat keinen Platz in seiner Seele für die warmen Strahlen der Sonne.

So wie man manchmal den Wald vor lauter Bäumen nicht mehr sehen kann, wird die Seele immer leerer, je vollgestellter sie ist. Anstatt aufzuräumen, stellen wir immer noch mehr und noch mehr schöne Dinge ab, um die unschönen Dinge darunter nicht mehr sehen zu müssen. Aber mit unschönen Dingen ist es wie mit einem faulen Apfel in einem Obstkorb voller guter Äpfel. Und so wird die Ausstrahlung der schönen Dinge gedämpft, bis sie den unschönen Dingen gleichen und es neue schöne Dinge braucht, um sie zu verstecken.

Die Dunkelheit ist der Ort, an dem die Seele aufgeräumt werden kann. Alles, was deine Seele belastet, verdient es früher oder später, angeschaut zu werden. Nicht alles, was du anschaust, verdient es, aufgehoben zu werden. Manches kann repariert werden. Anderes hat seine Aufgabe in der Vergangenheit erfüllt und nun keinerlei Bedeutung mehr für deine Gegenwart.

Du darfst dich von den Lehrern deiner Vergangenheit, egal ob Mensch oder Erfahrung, trennen. Sie haben dir beigebracht, was sie dir beibringen konnten. Sie haben dir nicht nur einmal bewiesen, dass sie nicht in deine Zukunft gehören. Also lass sie dorthin gehen, wo sie hingehören – so weit weg von dir wie nur irgend möglich. Befreie deine Seele von ihrer Vergangenheit und begib dich selbst an den Ort, an dem sie von Sonnenschein erfüllt werden kann, begib dich ins Licht.

Jeder Mensch strahlt aus, was seine Seele auszustrahlen hat. Eine unruhige Seele strahlt Unruhe aus. Darüber kann auch keine oberflächliche Schönheit hinwegtäuschen. Das schönste Makeup, das tollste Outfit und die beste Figur können die unruhige Seele nicht zur Ruhe bringen. Die Suche nach Perfektion im Außen bringt nur noch mehr Unruhe mit sich. Ganz so, als würde man versuchen, Ordnung im Haus zu schaffen, indem man Kleinkinder den Garten dekorieren lässt.

Du kannst deine Ausstrahlung also nicht direkt beeinflussen. Ausstrahlung ist nichts, was man einfach mal eben lernen kann. Mir ist bewusst, dass die meisten Coaches und Persönlichkeitsexperten da anderer Meinung sind. Wenn man unter Ausstrahlung natürlich nur versteht, sich schön anzuziehen, sich schön zu präsentieren und schön zu lächeln, dann kann man Ausstrahlung tatsächlich lernen. Und diese Art von Ausstrahlung hat tatsächlich auch ihre Wirkung. Sie wirkt auf all die Menschen, die selbst Unruhe in ihren Seelen haben und sich entweder damit identifizieren können oder sich wünschen, mit Hilfe derselben Art von Ausstrahlung über die Unruhe in ihrer eigenen Seele hinwegzutäuschen.

Möchtest du deine individuelle Ausstrahlung entdecken, die nicht an Oberflächlichkeiten gebunden ist, pflege das natürliche Gleichgewicht deiner Seele, schenke ihr die Liebe, die sie verdient, und lasse das Glück in ihr wachsen. Eine Seele im Gleichgewicht strahlt Gleichgewicht aus, eine geliebte Seele strahlt Liebe aus und eine glückliche Seele Glück. Und was könnte schöner sein als Glück und Liebe, wenn die Natur wahrer Schönheit doch in Glück und Liebe zu finden ist?

In diesem allerletzten Monat möchte ich mit dir das Glück und die Liebe in deiner Seele finden und die Schönheit deiner Ausstrahlung entdecken. Lass uns das Leben erleben und Dankbarkeit in jedem Moment erfahren.

Freiraum

Glücksmeditation

Glück ist eine Frage der Einstellung. Es ist die Frage, worauf du deine Aufmerksamkeit im Alltag richtest. Auf die vielen kleinen Momente, die das Leben schöner machen, oder auf Ärger, Wut und Ungerechtigkeiten? Glücklichsein kann man also lernen. Ganz einfach indem man lernt, seine Aufmerksamkeit sanft zu lenken. Die beste Möglichkeit für einen Alltag zu üben, in dem man mit so vielen Emotionen, Informationen und unterschiedlichen Menschen konfrontiert ist, ist in der Stille der Meditation zu üben.

Aus diesem Grund möchte ich dir für diesen Monat eine Meditation an die Hand geben, für die du dir jeden Tag zehn Minuten Zeit nehmen darfst. Idealerweise hast du dafür einen ruhigen, ungestörten Raum zur Verfügung, in dem du dich richtig wohlfühlst. Gerade am Anfang ist das, wie du weißt, noch sehr wichtig. Stelle dir gern einen Wecker, dann brauchst du dir keine Gedanken wegen der Zeit zu machen.

1. Setze dich bequem aufrecht hin und schließe die Augen. Nimm dir die Zeit, im Moment anzukommen. Atme ein paar Mal tief ein und aus. Werde dir mit jedem Atemzug deiner Selbst mehr bewusst.

2. Nun beginne mit einem glücklichen Lächeln. Lächle nicht nur mit deinem Mund, lächle mit deinem Gesicht und deinem gesamten Körper. Fühle das Glück in dir. Und wenn dein Körper zwischendurch loslacht, lass ihn lachen. Alles, was dein Glücksgefühl weiter verstärkt, ist gut. Danke dem Leben mit diesem Gefühl von Glück.

3. Solltest du bemerken, dass deine Gedanken zwischendurch abschweifen, dann nimm sie offen wahr. Bewerte deine Gedanken nicht. Gib ihnen aber auch nicht zu viel Raum. Nimm sie wahr und lass sie wie die Wolken am Himmel wieder aus deinem Kopf weiterziehen. Richte deine Aufmerksamkeit dann wieder behutsam auf dein Glückslächeln.

4. Nach Abschluss der zehn Minuten darfst du noch einen kurzen Moment sitzen bleiben, um nachzuspüren, wie sich dein Körper im Vergleich zu davor anfühlt. Fühlt er sich vielleicht leichter an? Aufgeweckter? Glücklicher? Nimm dieses Gefühl gern in deinen Tag mit.

Du darfst die Meditation so oft wiederholen, wie es gut für dich ist. Solltest du einen schlechten Tag oder einen schlechten Moment haben, bietet es sich an, eine kurze Glücksmeditation einzuschieben und wenn es nur fünf Minuten sind. Die Glücksmeditation mag vielleicht nicht all deine Probleme lösen können, aber sie kann dir einen neuen Blick auf das Leben geben. Und manchmal ist ein neuer Blick auf das Leben alles, was es braucht, um ein Problem in Luft aufzulösen.

monat   kw

....

montag

....

dienstag

....

mittwoch

....

donnerstag

....

freitag

....

samstag

....

sonntag

Über sich selbst zu lachen,
heisst sich selbst zu lieben.
- Mickey Mouse -

Lilalaune-Musik

Dieses Gefühl, wenn das Lieblingslied im Radio läuft. Wenn zuerst der Fuß zu Wippen beginnt, die Musik sich dann langsam im Körper verteilt und man nicht länger stillsitzen kann. Plötzlich ist alles in Bewegung: Der Körper, die Arme, der Kopf. Man kann nicht mehr anders, man muss einfach mitsingen, ganz gleich wie schief es klingt.

Musik ist magisch. Sie kann Menschen miteinander verbinden, wie es selbst Sprache nicht kann. Sie schafft Erinnerungen, wo selbst das Gedächtnis manchmal versagt. Sie kann beruhigen und aufwecken. Sie kann Wunden heilen und Sonnenschein verbreiten. Sie kann Bilder im Kopf und im Herz entstehen lassen. Sie kann alles sein, was man möchte. Sie ist Tröster und Aufmunterer zugleich.

Dein Auftrag für diese Woche lautet also: Stelle dir eine Playlist aus Liedern zusammen, mit denen du ausschließlich schöne Erinnerungen verbindest, die deine Stimmung aufhellt und bei der du gar nicht umhinkommst, als glücklich durch die Gegend zu tanzen und mitzusingen – eine richtige Lilalaune-Playlist.

Ob du dir die Liste am PC zusammenstellst, in einem Streamingdienst oder auf irgendeinem Datenträger ist völlig egal. Nutze ein Medium, das du immer griffbereit hast.

Erweitere die Liste nach deinem Empfinden. Merkst du, ein Lied hat doch nicht die gewünschte Wirkung, dann darfst du es entfernen. Fällt dir ein Lied ein, an das du bisher noch gar nicht gedacht hast, dann pack es auf die Liste. Wichtig ist nur, dass du dich bei jedem Lied fragst, welche Wirkung es auf dich hat. Wie gesagt, es sind nur Lieder erlaubt, die einen ausschließlich positiven Effekt auf deine Stimmung haben.

Wenn du also mal ein bisschen Aufmunterung vertragen könntest oder einfach Grund zum Feiern hast, einen besonderen Erfolg, dich selbst oder das Leben, dann ist es Zeit für die Liste. Dreh die Musik ruhig ein bisschen auf und lass deinen Gefühlen freien Raum.

Freiraum

monat   kw

montag

dienstag

mittwoch

donnerstag

freitag

samstag

sonntag

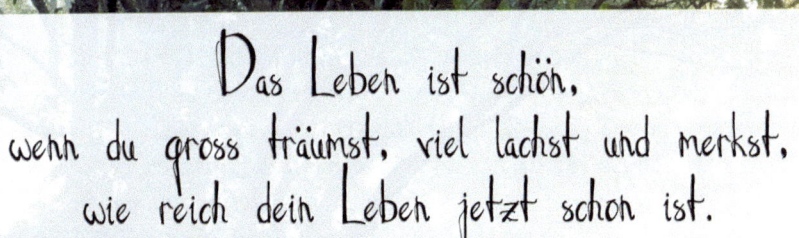

Das Leben ist schön,
wenn du gross träumst, viel lachst und merkst,
wie reich dein Leben jetzt schon ist.

Die kleinen Dinge des Lebens

Das große Glück liegt in den kleinen Dingen des Lebens. Wer sich über die erste Blume im Frühling freuen kann, der weiß das Leben zu schätzen. Wer das Leben zu schätzen weiß, der hat Dankbarkeit in seinem Herzen. Und wer Dankbarkeit in seinem Herzen hat, der hat auch Glück im Bauch.

Um die kleinen Dinge des Lebens überhaupt schätzen zu können, braucht es offene Augen und ein offenes Herz. Wer mit gesenktem Blick durchs Leben läuft, hat gar nicht die Chance die erste Blume des Frühlings auf der Wiese zu erkennen, die Sterne am Himmel zu sehen oder das freundliche Lächeln eines Fremden wahrzunehmen.

Deine Wochenaufgabe soll dir einen Anreiz bieten, deine Aufmerksamkeit zu erweitern und dich an den kleinen Dingen des Lebens zu erfreuen. Ich habe dir eine Check-Liste mit 21 kleinen Aufgaben zusammengestellt, die du im Verlauf der Woche erleben darfst. Sobald du einen Punkt der Liste erlebt hast, darfst du ihn abhaken.

Ich wünsche dir viel Spaß mit deinen kleinen Momenten des Glücks.

Hast du heute schon…

- ☐ … einem Vogel zugehört?
- ☐ … Kinderlachen gehört?
- ☐ … ein Gute-Laune-Lied gehört?
- ☐ … an frischgebackenem Brot gerochen?
- ☐ … an frischen Blumen gerochen?
- ☐ … bewusst frische Luft geatmet?
- ☐ … Kindern beim Spielen zugeschaut?
- ☐ … zehn Minuten aus dem Fenster geschaut?
- ☐ … in Ruhe eine Tasse Tee, Kaffee oder Schokolade getrunken?
- ☐ … in Ruhe ein Eis oder süßes Gebäck gegessen?
- ☐ … in eine Scheibe Zitrone gebissen?
- ☐ … ein Tier gestreichelt?
- ☐ … deine Hand gestreichelt?
- ☐ … dich selbst umarmt?
- ☐ … dich selbst gelobt?
- ☐ … dich selbst im Spiegel angelächelt?
- ☐ … dir selbst etwas gegönnt?
- ☐ … dem Leben gedankt?
- ☐ … zu deinem Lieblingslied getanzt?
- ☐ … einen Freudensprung gemacht?
- ☐ … laut gelacht?

monat   kw

montag

dienstag

mittwoch

donnerstag

freitag

samstag

sonntag

Entdecke die Freude in all deinem Tun,
ganz gleich um welches Tun es sich handeln mag.
- Bao -

Happy Hippo

Wäsche waschen, einkaufen, Geschirr spülen, putzen, aufräumen… Die Aufgaben des Alltags – wie wir sie lieben. Also nicht. Wer hat sich nicht schon mal ein fleißiges Heinzelmännchen gewünscht, das sich um all die unliebsamen Dinge kümmert, während wir schlafen. Mein Heinzelmännchen scheint allerdings genauso wenig Lust auf den Haushalt zu haben wie ich. Ich wache jeden Morgen mit demselben Chaos auf, mit dem ich abends schlafen gegangen bin. Es hilft alles nichts. Ich muss mich wohl oder übel selbst darum kümmern.

Kein Grund, Trübsal zu blasen. Selbst in den unliebsamen Aufgaben des Alltags kann man ein bisschen Freude entdecken. Ok, gut, vielleicht kann man es auch nur ein bisschen erträglicher gestalten. Aber erträglich Wäsche zu waschen ist doch immerhin schon eine ganze Ecke besser, als unerträglich Wäsche zu waschen. Jetzt fragst du dich wahrscheinlich, wie um alles in der Welt man erträglicher Wäsche waschen kann, wenn sich die Berge von Wäsche immer wieder aufs Neue vor einem auftürmen, obwohl man sie gestern erst alle weggewaschen hat.

Das Geheimwort lautet: Einstellung. Alles eine Frage der Einstellung. Dürfte dir bekannt vorkommen. Du hast die Wahl. Entweder du richtest deine Aufmerksamkeit auf die Berge an Wäsche vor dir und die Zeit, die es dich kosten wird, um die Berge zu beseitigen. Oder du richtest deine Aufmerksamkeit auf den einen Moment, in dem du die erste Fuhre Wäsche in die Waschmaschine beförderst. Und mal ehrlich, eine Fuhre Wäsche in die Maschine zu befördern, bedeutet nun ja wirklich nicht die Welt. Der Rest hat in diesem Moment keine Bedeutung, weil du dich jetzt ja gar nicht darum kümmern kannst, sondern erst zu einem späteren Zeitpunkt. Also brauchst du dir jetzt noch keine Sorgen darum zu machen. Halte es wie Beppo der Straßenkehrer in *Momo*. Sieh nicht die gesamte Straße, die es zu fegen gilt, sondern immer nur das Stück, das du jetzt gerade kehrst.

Versuche so viel Begeisterung und Hingabe in den momentanen Abschnitt deiner Tätigkeit zu stecken, wie du sie nur in dir finden kannst. Führe jeden Schritt deiner Tätigkeit bewusst aus, konzentriere dich auf jeden Handgriff. Dann bist du so damit beschäftigt, dich selbst zu beobachten, dass du gar keine Zeit mehr hast, dir Gedanken um deine wartenden Aufgaben zu machen. Spüre, wie sich jedes einzelne Kleidungsstück unter deinen Fingern anfühlt, wenn es aus dem Wäschekorb durch die geöffnete Tür in der Wäschetrommel mit den anderen Kleidungsstücken verschwindet.

Versüße dir deine Aufgaben, in denen du Spaß reinbringst. Höre deine Lilalaune-Playlist, tanze und singe dabei. Oder nutze die Arbeit, um zur Ruhe zu kommen und Ordnung zu schaffen. Denn wer Ordnung im Außen schafft, wird leichter Ordnung im Inneren finden. Hausarbeit muss nicht so ätzend sein, wie sie sich oft anfühlt. Hausarbeit kann ebenso in Ordnung oder sogar gut sein, wenn du sie nur mit der entsprechenden Einstellung betrachtest.

Deine Aufgabe diese Woche ist: Tue all die unliebsamen Tätigkeiten im Alltag mit so viel Begeisterung und Hingabe, wie es dir nur irgend möglich ist. Beobachte dich im Alltag. Wenn du merkst, dass deine Stimmung bei irgendeiner Tätigkeit ins Negative zu kippen droht, atme ein paar Mal tief ein und aus. Erinnere dich daran, dass selbst die unangenehmsten Tätigkeiten mit Hilfe deiner Einstellung ein bisschen weniger unangenehm, vielleicht sogar angenehm sein können. Und finde einen Weg, die Arbeit angenehmer zu machen, indem du…

1. …dich komplett auf das Jetzt einlässt oder…
2. …achtsam jeden einzelnen deiner hingebungsvollen Handgriffe beobachtest oder…
3. …mehr Spaß an der Sache schaffst, deine Aufgaben singend und tanzend erledigst oder…
4. …das Ordnen im Außen nutzt, um auch im Inneren aufzuräumen, oder...
5. …tust, was auch immer dir in den Kopf kommt.

Wenn selbst die unliebsamsten Aufgaben auf einmal nicht mehr ganz so unliebsam sind, dann wird der Alltag an sich viel angenehmer. Statt Unmut können sich nun immer mehr Glück und Zufriedenheit in deinem Leben ausbreiten. Guter Plan? Sehr guter Plan!

Freiraum

monat   kw

montag

dienstag

mittwoch

donnerstag

freitag

samstag

sonntag

Möchtest du traurig sein, lebe in der Vergangenheit.
Möchtest du unruhig sein, lebe in der Zukunft.
Möchtest du glücklich sein, lebe im Jetzt.

Liebe verbreiten

Ich muss gestehen, ich bin gerade doch ein bisschen rührelig. Die letzte Aufgabe in diesem ganz besonderen Jahr wartet auf uns. Was für ein großer Moment. Wir haben so viel Neues in diesem Jahr erlebt, so viel mehr Glück in unser Leben gelassen und so viel mehr Liebe erfahren. Du bist ein starker, wundervoller Mensch. Es ist mir wirklich eine große Ehre, mit dir das Jahr verbracht haben zu dürfen. Vielen lieben Dank für dein Vertrauen. Du bist so weit gekommen in dem vergangenen Jahr, hast dich viel besser kennengelernt und so viel dazu gelernt, dass du so weit bist, den nächsten Schritt zu tun.

Du bist bereit dazu, die Liebe, die du in dir selbst angehäuft hast, weiterzugeben. Sei so gut zu anderen Menschen, wie du es zu dir selbst schon bist. Sei selbst gut zu den Menschen, die nicht in der Lage sind, gut zu dir zu sein, weil sie zu sich selbst nicht gut sind. Schenke den Menschen in deinem Umfeld Liebe. Sie haben es alle verdient, auch wenn sie es selbst vielleicht noch nicht wissen.

Ähnlich wie in deiner Happy-Check-Liste habe ich dir kleine Aufgaben für die Woche zusammengestellt, die du während der Woche erleben darfst. Dieses Mal allerdings nur sieben und dieses Mal haben sie alle mit anderen Menschen zu tun. Alle Punkte auf der Liste sollen dir den Raum geben, anderen Menschen mit Liebe zu begegnen.

Ich habe dir am Ende der Liste auch noch ein bisschen Platz gelassen, damit du sie um eigene Aufgabenstellungen erweitern kannst. Es bleibt dir selbstverständlich frei, die Aufgaben immer und immer und immer wieder zu wiederholen. Denn Liebe kann es gar nicht genug geben.

Ich wünsche dir viel Freude mit deinen kleinen großen Momenten voller Liebe.

Hast du heute schon...

- ☐ ... jemanden zum Lachen gebracht?
- ☐ ... einem anderen Menschen von Herzen gedankt?
- ☐ ... etwas Nettes zu einem anderen Menschen gesagt?
- ☐ ... einem Lieblingsmenschen gesagt, wie sehr du sie / ihn liebst?
- ☐ ... einem anderen Menschen eine Freude bereitet?
- ☐ ... einen anderen Menschen überrascht?
- ☐ ... einem anderen Menschen geholfen?
- ☐ ...
- ☐ ...
- ☐ ...

Erst der Anfang

Zwölf Monate. Zwölf Monate voll schöner Momente und Herausforderungen, durch tiefe Täler, über Berge, die du dir vor einem Jahr wahrscheinlich nicht einmal hättest vorstellen können. Du hast es geschafft – bis hierher. Nicht nur die zwölf Monate, sondern so viel mehr. Aber deine Reise ist hier längst noch nicht zu ende. Deine Reise hat erst begonnen. Dir steht ein großes Abenteuer bevor – dein Abenteuer Lieblingsleben. Du hast es dir verdient.

Stell dir eine Welt vor, in der keine Frau mehr Zweifel an sich, ihren Fähigkeiten oder ihrem Körper hat. In der keine Frau mehr ihr persönliches Glück in Modegeschäften, Kosmetiksalons oder Fitnessstudios suchen muss. In der Frauen sich so lieben wie sie sind, mit den Ecken, Kanten und Makeln, für die sie sich ihr ganzes bisheriges Leben verurteilt haben. Was glaubst du, was wir alles bewegen könnten, wenn unsere Gedanken nicht ständig um unsere vermeintliche Selbstoptimierung kreisen würden? Wenn unsere mentalen, emotionalen und physischen Kapazitäten frei von gesellschaftlichem oder medialem Druck wären? Wenn wir tun würden, was unsere Herzen bewegt?

Wir wären endlich in der Lage, unser volles Potenzial auszuschöpfen. Wir könnten endlich die Frauen sein, die wir eigentlich schon die ganze Zeit waren: intelligent, kreativ, offen, inspirierend, mutig, abenteuerlustig, ehrlich, gutherzig, hilfsbereit und noch so viel mehr. Wir könnten Politikerinnen sein, Wissenschaftlerinnen, Autorinnen, Medizinerinnen, Richterinnen oder Botschafterinnen. Wir könnten alles sein, was wir wollen. Wir könnten endlich wir sein.

Ich wünsche dir, dass du dieses Buch aus der Hand legst und ein ganzes Stück weiter auf dem Weg zu dir selbst bist. Dass du dich nicht mehr hinter irgendwelchen Masken oder Makeln versteckst, sondern mutig da hinaus gehst und der Welt zeigst, wer du wirklich bist. Dass du immer wieder neue Kraft in dir findest, den negativen Stimmen im Außen keine Bedeutung mehr beizumessen, weil du weißt, dass du perfekt bist wie du bist. Dass du mit deiner Liebe zu dir selbst und deinem Körper andere Frauen dazu inspirierst, sich auf ihren eigenen Weg zu ihrem Lieblingskörper zu begeben. So wie Selbstzweifel zu immer noch mehr Selbstzweifeln führen, erzeugen Liebe und Glück immer noch mehr Liebe und Glück. Und wie wir mittlerweile ja wissen, ist glücklich das neue Schön.

Erinnere dich immer wieder daran, dass nur ein einziger kleiner Augenblick den Tag verändern kann, ein Tag das Leben und ein Leben die ganze Welt. Dein Leben kann die ganze Welt verändern. Du kannst die ganze Welt verändern. Verändere die ganze Welt!

Ein Blick über die Schulter

„Sich selbst zu lieben, ist der Beginn einer lebenslangen Romanze."
- Oscar Wilde –

Es ist so weit! Es ist so weit! Du darfst die Versiegelung deiner Gedanken vor Beginn der Reise lösen. Also fast. Eine letzte Sache darfst du vorher noch tun. Du darfst diese letzten Fragen für dich beantworten und das vergangene Jahr mit all deinen wichtigsten Momenten noch einmal Revue passieren lassen.

Was war dein glücklichster Augenblick? ....
....
....

Was war dein grösster Erfolg? ....
....

Was hat sich zum Guten gewendet? ....
....

Was hat dich am meisten überrascht? ....
....
....

Was war deine wichtigste Erkenntnis?

_____

Wofür bist du dankbar?

_____

Welchen Ballast hast du abgeworfen?

_____

Welchen Traum hast du dir erfüllt?

_____

Was hast du am meisten an dir zu lieben gelernt?

_____

Was nimmst du dir für deine Zukunft vor?

_____

_____

Jetzt aber! Jetzt hast du es dir mehr als verdient, endlich noch einmal einen Blick auf den Beginn deiner Reise zu werfen. Löse die Klebestreifen, Tackernadeln oder Büroklammern und schau, von welchem Punkt aus du in dieses Jahr gestartet bist und wie weit du seitdem gekommen bist. Ich bin gespannt, welche Antworten auf dich warten.

Danksagungen

Was für eine Reise. Über eineinhalb Jahre begleitet mich *Lieblingskörper* jetzt schon in Gedanken. Ganze vier Anläufe, Konzeptverwerfungen und Neuanfänge hat es gebraucht, bis ich endlich wusste, was *Lieblingskörper* wirklich ist. Ich möchte an dieser Stelle allen danken, ohne die dieses Buch immer noch bloß in meinem Kopf wäre.

Zuallererst möchte ich meinem wunderbaren Mann danken. Ich weiß nicht, was ich ohne dich tun würde. Vermutlich gar nichts. Du hilfst mir jeden Tag aufs Neue der beste Mensch zu sein, der ich nur sein kann. Du glaubst an mich, wenn ich selbst nicht an mich glaube. Und du bestärkst mich in allem, was ich tue. Ohne dich gäbe es *Lieblingskörper* überhaupt nicht. Ich danke dir.

Auch den beiden Simonsen möchte ich an dieser Stelle erneut meinen Dank aussprechen. Simon Pischel, du hast es einfach drauf. Du machst aus meinen wirren Gedanken die besten Designs, die ich mir nur wünschen kann. Vielen lieben Dank! Simon Drescher, oder sollte ich besser sagen Dr. Simon Drescher, du bist wahrscheinlich der überqualifizierteste Lektor unter den Lektoren. Danke dir für dein Durchhaltevermögen.

Zu guter Letzt möchte ich noch der versammelten Bewohnerschaft der *Villa Kunterbunt* danken. Ihr seid nicht nur die besten Mitbewohner, sondern auch die beste Familie. Und was ist eine Autorin schon ohne ihre Familie?

Ich danke euch ihr Puderzuckerkrümelchen. Ihr seid einfach der Wahsinn!

Über die Autorin

Kera Deiss (ehem. Kera Rachel Cook) arbeitet seit ihrem Masterabschluss in Literatur- und Kulturtheorie neben ihrer schriftstellerischen Tätigkeit als Referentin an Schulen sowie in der Erwachsenenbildung. Auf Grundlage ihrer erfolgreich überwundenen Essstörung und ihrer vergangenen Erfahrungen als Model hält sie Vorträge zu Themen wie Essstörungen, Schönheitswahn und der medialen Übersexualisierung der Frau.

Kera Rachel Cook

Vom Mädchen zum Model

Faszination Germany's Next Topmodel

„Denn nur eine von euch kann *Germany's Next Topmodel* werden. Nur eine bekommt den perfekten Start ins Modelleben…" So lautet zumindest das große Versprechen, das jedes Jahr wieder tausende junger Frauen dazu bewegt, sich vor den Augen eines Millionenpublikums zum Topmodel ‚ausbilden' lassen zu wollen. In ihrem Essay geht Kera Rachel Cook jedoch davon aus, dass die Show *Germany's Next Topmodel* entgegen ihres selbstkreierten Images keinen authentischen oder realistischen Weg zum Topmodel zeigt, sondern sich strategisch der jungen Kandidatinnen bedient, um kommerzielle Ziele zu verfolgen. Denn obwohl sich das Format bereits in der 12. Staffel befindet, hat es bisher noch keine Siegerin wirklich in den Topmodel-Olymp geschafft. Während manche mittlerweile als sogenannte Instagram-Millionäre ihr Geld verdienen, sind andere komplett von der medialen Bildfläche verschwunden oder machen Schlagzeilen als Geschäftsführerin eines Back-Shops oder als Mutter in kaufmännischer Ausbildung. Und dennoch scheint die Faszination vor allem junger Frauen an *Germany's Next Topmodel* ungebrochen zu sein. Aber warum? Worin besteht der große Erfolg der Sendung? Wie schaffen es die Produzenten nach all den Jahren immer noch, junge Frauen vor dem Fernseher zu halten oder gar zur Teilnahme zu bewegen? Vor dem Hintergrund entwicklungspsychologischer Erkenntnisse zu den Bedürfnissen Jugendlicher und sozialwissenschaftlicher Medientheorien setzt sich Kera Rachel Cook mit der neunten Staffel des Formats *Germany's Next Topmodel* auseinander, um die Show als gesellschaftliches Phänomen unserer Zeit zu verstehen.

Kera Rachel Cook ist Masterabsolventin im Bereich Literatur- und Kulturtheorie der Eberhard Karls Universität Tübingen und hat als ehemaliges Model sowie Kandidatin der fünften Staffel GNTM selbst Einblick in das Business rund um Catwalks und Fotoshootings.

Kera Rachel Cook: Hässliches Entlein war gestern

Was macht man, wenn der Model-Scout einer der größten deutschen Agenturen einem seine Karte gibt? Man vereinbart einen Termin und überredet Mutti, mit einem nach München zu fahren. Unzählige ambulante Therapien, zwei Klinikaufenthalte und eine überwundene Essstörung später merkt man dann, dass das große Glück nicht auf den Laufstegen dieser Welt zu finden ist…

Die ehemalige Germany's Next Topmodel-Kandidatin und international erfolgreiches Plus-Size-Model Kera Rachel Cook erzählt offen und bewegend von ihren Erfahrungen in einer Welt, in der menschliche Werte hinter Oberflächlichkeiten verschwinden und man immer nur so viel wert ist wie der nächste Job. Gnadenlos ehrlich schreckt sie nicht davor zurück, den Leser auch zu ihren dunkelsten Momenten mitzunehmen. Es ist die Geschichte einer jungen Frau, die sich von schweren Schicksalsschlägen nicht beirren lässt, sondern auch in scheinbar ausweglosen Situationen genug Mut und Hoffnung in sich findet, ihren Weg weiterzugehen. Ihr Ziel: die Liebe – zu sich selbst und zum Leben.